Verkaufspsychologie und Verkaufstechnik

Von
Professor
Dr. Axel Bänsch
Universität Hamburg
Institut für Handel und Marketing

8., unwesentlich veränderte Auflage

R. Oldenbourg Verlag München Wien

Bibliografische Information Der Deutschen Bibliothek

Die Deutsche Bibliothek verzeichnet diese Publikation in der Deutschen Nationalbibliografie; detaillierte bibliografische Daten sind im Internet über <http://dnb.ddb.de> abrufbar.

© 2006 Oldenbourg Wissenschaftsverlag GmbH
Rosenheimer Straße 145, D-81671 München
Telefon: (089) 45051-0
www.oldenbourg-wissenschaftsverlag.de

Das Werk einschließlich aller Abbildungen ist urheberrechtlich geschützt. Jede Verwertung außerhalb der Grenzen des Urheberrechtsgesetzes ist ohne Zustimmung des Verlages unzulässig und strafbar. Das gilt insbesondere für Vervielfältigungen, Übersetzungen, Mikroverfilmungen und die Einspeicherung und Bearbeitung in elektronischen Systemen.

Gedruckt auf säure- und chlorfreiem Papier
Gesamtherstellung: Hofmann Medien Druck und Verlag GmbH, Dachau

ISBN   3-486-57872-3
ISBN 978-3-486-57872-0

Inhaltsverzeichnis

Vorworte 1

Erstes Kapitel: Grundlagen 3
A. Begriffe und Abgrenzung 3
B. Der Verkaufsvorgang als soziale Interaktion 3
C. Kommunikationsanalyse zur Gewinnung von Anhaltspunkten
   für das Verkäuferverhalten 5
   I.   Überblick 5
   II. Generelle Hinweise für den Einsatz der einzelnen
       Kommunikationselemente 6
       a) Sprachliche Kommunikation 6
       b) Nichtsprachliche Kommunikation 11
       c) Zusammenspiel sprachlicher – nichtsprachlicher
          Kommunikation und Rückkopplung 16
D. Psychologische und soziologische Grundlagen zur Ableitung des
   optimalen Verkäuferverhaltens 17
   I.   Psychologisch orientierte Ansätze 17
       a) Motivtheorie 17
          1. Motive, Motivationen und Einstellungen 17
          2. Motivarten und ihre Bedeutung für den Verkaufsprozeß . 18
       b) Lerntheorie 20
          1. Einführung 20
          2. Grundansätze in der Lerntheorie 20
          3. Verkaufsbezogene Schlüsse aus den Grundansätzen . . 24
       c) Dissonanztheorie 25
          1. Grundaussagen 25
          2. Anhaltspunkte für das Verkäuferverhalten 27
       d) Feldtheorie 29
          1. Grundaussagen 29
          2. Folgerungen für das Verkäuferverhalten 30
   II. Soziologisch orientierte Ansätze 34
       a) Gruppenforschung und Rollentheorie 35
          1. Begriffe und Grundaussagen 35
          2. Schlüsse für das Verkäuferverhalten 38
       b) Meinungsführermodell 42
          1. Grundaussagen 42
          2. Konsequenzen für das Verkäuferverhalten 43
E. Phasen des Verkaufsvorganges 44

**Zweites Kapitel: Zwei-Personen-Beziehungen
(ein Verkäufer und ein Käufer)** 47

A. Geschäftsanbahnung (Kontaktphase) 47
   I. Grundsituationen der Kontaktaufnahme 47
   II. Vorrecherchen und Anmeldung 47
   III. Gesprächseröffnung 50
B. Geschäftsverhandlungen (Aufbau- und Hinstimmungsphase) 55
   I. Einleitung der Geschäftsverhandlungen 55
   II. Demonstration 56
      a) Wahl des Demonstrationsobjektes 56
      b) Grundregeln der Demonstration 58
        1. Positives Verhältnis zum Kaufobjekt zeigen 58
        2. Verständlich demonstrieren 59
        3. Kunden aktivieren 60
        4. Kunden bestätigen 63
        5. Kundeneinwände positiv behandeln 63
        6. Motive und Motivationen des Kunden aufnehmen 69
   III. Preisargumentation 78
      a) Grundregeln der Preisargumentation 78
      b) Techniken in der Preisargumentation 81
      c) Ausgestaltung der Preise 85
        1. Glatte und gebrochene Preise 85
        2. Runde, ungerade und gerade Endziffern im Preis 87
      d) Verhalten des Verkäufers bei der Preisnennung und bei
        Preiseinwänden 87
C. Geschäftsabschluß mit Anbahnung weiterer Geschäfte
(Abschluß- und Weiterführungsphase) 89
   I. Abschlußsignale 89
   II. Abschlußtechniken 90
   III. Zusatzverkäufe 92
   IV. Verabschiedung 93
Exkurs: Der Wert von Kundentypisierungen für die Anlage
   der Geschäftsverhandlungen 95

**Drittes Kapitel: Mehr-Personen-Beziehungen im Verkauf
(ein Verkäufer/Verkaufsteam und mehrere Käufer)** .. 99

A. Ein Verkäufer und mehrere Privatkunden 99
B. Ein Verkäufer und gewerbliches Einkaufsteam 101
   I. Warenverkäufe an Handelsbetriebe 101
   II. Verkäufe von Investitionsgütern an Industriebetriebe 104
C. Verkaufsteams – Strukturierung und Rollenverteilung 107
Glossar 111
Literaturverzeichnis 133
Stichwortverzeichnis 141

Vorwort zur 1. Auflage

Für den Unternehmer erscheinen Grundkenntnisse der Verkaufspsychologie und Verkaufstechnik doppelt wichtig. Denn hier vorhandene oder fehlende Kenntnisse entscheiden nicht nur über die Verkaufserfolge, die erzielt werden können oder ausbleiben. Das Vorhandensein oder Fehlen entsprechender Kenntnisse entscheidet auch über die realisierbaren oder nicht realisierbaren Einkaufserfolge.

Entsprechend werden Kenntnisse zur Verkaufspsychologie und Verkaufstechnik auch für den einkaufenden Verbraucher von Wert sein. Sie können ihm zu besseren Einkaufsergebnissen verhelfen, da sie den Einkaufsvorgang durchsichtiger werden lassen.

Die vorliegende Schrift wendet sich damit letztlich an alle, die über Einkäufe und Verkäufe am Wirtschaftsgeschehen teilhaben oder teilhaben werden. Sie wird dem Einkaufs- und dem Verkaufspraktiker zusätzliche Erkenntnisse liefern und den Auszubildenden (Einkaufs- und Verkaufspraktikanten, Studierenden an Fachhochschulen und Hochschulen) Rüstzeug für eine dauerhaft erfolgreiche Betätigung im Einkauf und Verkauf vermitteln können.

Die Ausführungen konzentrieren sich auf die Erarbeitung der Bedingungen für langfristig optimale Käufer-Verkäufer-Beziehungen. Dazu werden im Abschnitt 1 wesentliche psychologische und soziologische Theorieansätze auf Erkenntnisse für das Verkäuferverhalten untersucht. Die gewonnenen Erkenntnisse sind dann Grundlage für die Abschnitte 2 und 3. In diesen Abschnitten werden die einzelnen gedanklich trennbaren Stufen des Verkaufsprozesses für verschiedene zahlenmäßige Besetzungen der Einkaufs- und Verkaufsseite unmittelbar praxisbezogen analysiert. Der eilige, unmittelbar an praktisch verwertbaren Erkenntnissen interessierte Leser könnte auch mit den Abschnitten 2 und 3 beginnen und anschließend zur Vertiefung den Abschnitt 1 lesen.

Axel Bänsch

Vorwort zur 2. Auflage

Wie mir auch die übermittelten Stellungnahmen zur Erstauflage bestätigt haben, bedurfte die Schrift keiner grundlegenden Veränderungen.

Die Berücksichtigung in der Zwischenzeit erschienener Arbeiten führte jedoch zu einer Reihe von Ergänzungen im Text sowie einer Aktualisierung der Literaturhinweise.

Im weiteren haben mich Lehrerfahrungen mit dem Buch zu einigen Umformulierungen und noch stärkerer Einfügung von Beispielen veranlaßt, um damit eine noch leichtere Verständlichkeit zu erreichen.

Vorwort zur 7. Auflage

Der Text wurde überarbeitet und das Literaturverzeichnis wurde aktualisiert.

Axel Bänsch

Vorwort zur 6. Auflage

Der gesamte Text wurde erneut überarbeitet, um noch treffendere Formulierungen zu finden und Ergänzungen zu vollziehen.

Vorwort zur 5. Auflage

Der Text wurde insgesamt überarbeitet und stellenweise erweitert.

Als wesentliche Neuerung wurde zudem ein Glossar zur Verkaufspsychologie und -technik angefügt.

Vorwort zur 4. Auflage

Wiederum wurde der Text gründlich durchgesehen. Da seit Erscheinen der 3. Auflage erst eineinhalb Jahre vergangen sind, konnte auch die 4. Auflage weitgehend unverändert bleiben.

Vorwort zur 3. Auflage

Der Text des Buches wurde gründlich durchgesehen. Auf Grund des raschen Absatzes der 2. Auflage konnte die dritte Auflage weitgehend unverändert bleiben.

Erstes Kapitel:
Grundlagen

A. Begriffe und Abgrenzung

Dieses Buch befaßt sich mit dem ‚Persönlichen Verkauf' in der Form des Besuchsverkaufes.[1] Gekennzeichnet ist diese Verkaufsform durch unmittelbaren Gesprächskontakt des Verkäufers/der Verkäufer mit einem oder mehreren Kunden zwecks Abschluß eines Kaufvertrages.[2]

Die Abgrenzung des Persönlichen Verkaufes von anderen Verkaufsformen (wie Selbstbedienung, Automatenverkauf, Versandverkauf, Telefonverkauf) und anderen Marketinginstrumenten (wie Werbung, Sales Promotions, Public Relations) ergibt sich aus dem persönlichen Kontakt zwischen Verkäufer und Kunden bei unmittelbarer Anwesenheit beider.

Hinsichtlich der üblicherweise unterschiedenen vier Typen von Kaufentscheidungsprozessen (extensive, begrenzte, habitualisierte, affektgesteuerte Kaufentscheidungsprozesse)[3] wird prinzipiell der extensive Typ zugrundegelegt. Denn Kennzeichen dieses Typs ist der relativ große Aufwand, den der Käufer in den Fragen des ‚Ob' und ‚Wie' eines Kaufes betreibt, weil er die Kaufobjekte als problemvoll empfindet. Entsprechend wird der Verkäufer hier am stärksten gefordert.

Die Ausführungen konzentrieren sich auf die psychologischen und soziologischen, die technisch-strategischen und die technisch-taktischen Aspekte des Verkaufsvorganges, die zu beachten sind, um anhaltend optimale Verkaufsergebnisse zu erzielen.

B. Der Verkaufsvorgang als soziale Interaktion

Im Verkaufsvorgang sind mindestens zwei Akteure vorhanden, die sich gegenseitig beeinflussen. Damit ist der Verkaufsvorgang als soziale Interaktion zu verstehen, deren Ablauf und Ausgang sich durch das gegenseitige Verhalten von Käufer(n) und Verkäufer(n) bestimmt.

---

[1] Vgl. R. J. Robinson, B. Stidsen, Personal Selling in a Modern Perspective, Boston Mass. 1967, S. 14
[2] Vgl. R. Schoch, Der Verkaufsvorgang als sozialer Interaktionsprozeß, Diss. St. Gallen 1969, S. 3
[3] Vgl. A. Bänsch, Käuferverhalten, 8. Aufl., München 1998, S. 9

Die Fortführung einer eingeleiteten sozialen Interaktion bedingt bei beiden Akteuren den Eindruck, daraus einen Gewinn ziehen zu können. Gewinn ist dabei nicht nur als finanzieller Vorteil, sondern auch als psychischer und/oder sozialer Gewinn zu interpretieren. Psychische Gewinne (z.B. Freude, Zufriedenheit, gesteigertes Selbstwertgefühl) und/oder soziale Gewinne (z.B. Solidaritätsgefühle, Gefühle der Anerkennung als Mitglied einer attraktiven Gruppe) können sogar in der Bedeutung überwiegen.

Wie auch immer der Anfangskontakt zustandegekommen sein mag, die Fortsetzung und der weitere Verlauf einer Interaktion hängen davon ab, ob in der ersten Phase mindestens so befriedigende Eindrücke entstehen, daß daraus weitere positive Erwartungen folgen.[4]

Da in der Wirtschaftspraxis generell Käufermarkt-Verhältnisse gelten (Überwiegen des Angebotes über die Nachfrage mit der Folge entsprechender Anbieterkonkurrenz)[5], besteht für den Käufer allgemein eine große Auswahl an Alternativen. Demzufolge unterliegt der Verkäufer häufig der Gefahr, daß der Kunde auch bereits fortgeschrittene Kontakte abbricht, um sich anderen Verkäufern zuzuwenden. Daraus ergibt sich für den Verkäufer generell die Notwendigkeit, während der Interaktion – unter eventuell völligem Verzicht auf eigene psychische Gewinne oder gar Hinnahme psychischer Verluste – beim Käufer für Gewinnempfindungen zu sorgen.

Gerade Kaufinteraktionen unter Käufermarkt-Verhältnissen werden also abweichend vom allgemeinen Interaktionsfall nicht durch im Verlauf generell gleiche Gewinnanteile bei beiden Partnern, sondern durch eine zunächst einseitig auf den Käufer konzentrierte Gewinnverteilung gekennzeichnet sein. Um einen erfolgreichen Abschluß der Kaufinteraktion und damit für sich einen finanziellen Gewinn realisieren zu können, hat der Verkäufer auf den Käufer einzugehen und ihn durch Vermittlung von Gewinneindrücken zu umwerben.

Die folgende Empfehlung eines unbekannten ‚Verkaufstrainers‘ aus dem 16. Jahrhundert scheint zwar zu belegen, daß der besonders für Käufermarkt-Verhältnisse herausgestellten Grundregel verkäuferischen Verhaltens auch generelle Gültigkeit zukommt und daß sie folglich keine völlig neue Erkenntnis darstellt. Die ‚historische‘ Anweisung lautete nämlich:

> „Ist dir an aine Kundin was gelegen, so mache dich gesellig, sage, daß sie schönleibig sey und du Wohlgefallen an ihr findest, sie wird geblendet sain und du kannst auf vorteilhaften Verkauf sicher sain, auch wenn die Waiber häßlich und narbig saint, thue ihnen schön, es bringt Nutz."[6]

---

[4] „Interaction is continued only if the experienced consequences are found to meet the standards of acceptability that both individuals develop by virtue of their experience with other relationships." J. W. Thibaut und H. H. Kelley, The Social Psychology of Groups, New York 1959, S. 10

[5] Zur Wandlung von Verkäufermärkten zu Käufermärkten siehe A. Bänsch, Einführung in die Marketing-Lehre, 3. Aufl., München 1991, S. 1f.

[6] Zit. nach: test, Zeitschrift der Stiftung Warentest, Jg. 16 (1981), H. 4, S. 13

Allerdings darf ein Verkäufer im jetzigen Jahrhundert nicht mehr so plump vorgehen, wie es in der vorstehenden Formulierung anklingt. Er hat erheblich mehr Sensibilität einzusetzen, wofür ihm der inzwischen erheblich ausgeweitete (in der Folge darzulegende) Erkenntnisstand auch entsprechend bessere Voraussetzungen bietet.

C. Kommunikationsanalyse zur Gewinnung von Anhaltspunkten für das Verkäuferverhalten

I. Überblick

Damit der Verkäufer Verkaufsverhandlungen optimal anlegen und führen kann, muß er zunächst wissen, welche Einzelfaktoren überhaupt kommunikationsrelevant sind und damit auf das Verhalten des Käufers wirken.

Der Verkäufer als Kommunikator kann sprachliche und nichtsprachliche Impulse senden und wirken lassen. Die sprachlichen Impulse gliedern sich dabei in verbale oder linguistische (die gesprochene Sprache) und in paralinguistische, zu denen Qualitäten der Sprechstimme und der Sprechweise (Stimmvariationen, Sprechgeschwindigkeit, Sprechrhythmus), aber auch grafische Merkmale der geschriebenen Sprache gehören. Bei der Aufnahme der sprachlichen Impulse wirkt vorrangig der Hörsinn des Empfängers, zum Teil aber auch der Sehsinn (der Empfänger sieht, daß gesprochen wird, und nimmt Sprache als Schrift visuell wahr).

Einen Überblick dazu vermittelt das auf S. 6 folgende Schema:[7]

Die Elemente nichtsprachlicher Kommunikation – Körper (u.a. Kleidung, Aufmachung, Körperhaltung, Mimik, Gestik), Objekte (u.a. Möblierung, Verkaufsobjekte) und Raum (u.a. Landschaft, Klima, Gebäudearchitektur, Zimmergröße) – wirken zwar außerhalb der mitmenschlichen Sprache, aber doch in Wechselwirkung mit ihr (z.B. Einsatz von Mimik und Gestik als Sprachverstärker). In der Anwendung seitens des Verkäufers werden also sprachliche und nichtsprachliche Elemente ineinanderfließen, wobei darauf zu achten ist, daß die eingesetzten Einzelelemente beim Empfänger (Käufer) widerspruchsfrei wirken. Wirkungsbesonderheiten der nichtsprachlichen Kommunikationselemente liegen darin, daß über sie im Gegensatz zu den sprachlichen Elementen auch eine Ansprache der menschlichen Nahsinne (Tast-, Geruchs- und Geschmackssinn) möglich ist.

---

[7] Vgl. C. F. Graumann, Interaktion und Kommunikation, in: Handbuch der Psychologie, Bd. 7 (2), Göttingen 1972, S. 1180

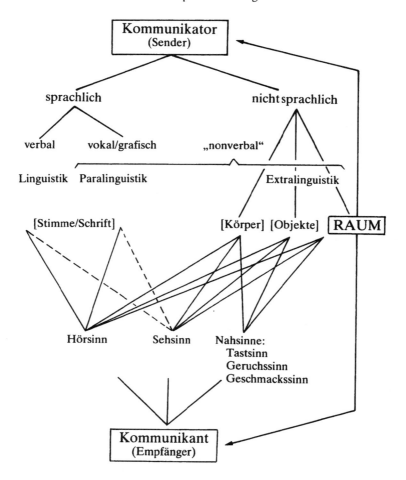

II. Generelle Hinweise für den Einsatz der einzelnen Kommunikationselemente

a) Sprachliche Kommunikation

Da – wie Graumann feststellt[8] – Linguisten weitgehende Kommunikationsblindheit und Sozialpsychologen weitgehende Sprachblindheit gezeigt haben, liegen bisher nur recht unvollkommene Erkenntnisse zur sprachlichen Kommunikation vor.

---

[8] Vgl. C. F. Graumann, Interaktion, a.a.O., S. 1203

Es ist jedoch beispielsweise bekannt, daß sich innerhalb einer bestimmten Zeit dann mehr Informationen übermitteln lassen, wenn man relativ viele Substantive und Adjektive verwendet,[9] und daß bei Wörtern die Verständlichkeit mit zunehmender Silbenzahl abnimmt.[10]

Zum Verhältnis Substantive – Adjektive wird herausgestellt, daß Substantive „genauer, technischer und damit auch glaubwürdiger als Adjektive"[11] wirken.

Im weiteren ist bekannt, daß negative Sätze schwerer verstanden werden als zustimmende, und daß passive Satzkonstruktionen mehr Zeit zum Verständnis erfordern als aktive.[12] Am schwierigsten aufzunehmen sind also negative Passivkonstruktionen mit hohen Silbenzahlen pro Wort.

Langer, Schulz v. Thun und Tausch haben nachgewiesen, daß sich die Verständlichkeit von Texten durch die vier Dimensionen

– Einfachheit
– Gliederung – Ordnung
– Kürze – Prägnanz
– Zusätzliche Stimulanz

bestimmt[13].

Einfachheit bezieht sich auf die sprachliche Formulierung, d.h. auf den Satzbau und die Wortwahl. Erreichbar ist Einfachheit unabhängig von der Schwierigkeit des darzustellenden Sachverhaltes. Kennzeichnend sind folgende Einzelaspekte, die zur Verdeutlichung gegen die entsprechenden Einzelaspekte der Kompliziertheit gestellt werden:

Einfachheit	**Kompliziertheit**
einfache Darstellung	komplizierte Darstellung
kurze, einfache Sätze	lange, verschachtelte Sätze
geläufige Wörter	ungeläufige Wörter
Fachwörter erklärt	Fachwörter nicht erklärt
konkret	abstrakt
anschaulich	unanschaulich

Gliederung-Ordnung bedingt einerseits, daß die einzelnen Sätze in folgerichtigem Bezug zueinander stehen und der sog. „rote Faden" unverkennbar

---

[9] Vgl. S. Moscovici, Communication processes and the properties of language, in: Advances in experimental social psychology, Bd. 3, New York 1967, S. 231
[10] Vgl. Th. Hermann, K.-H. Stäcker, Sprachpsychologische Beiträge zur Sozialpsychologie, in: Handbuch der Psychologie, Bd. 7 (1), Göttingen 1969, S. 432
[11] W. Kroeber-Riel, G. Meyer-Hentschel, Werbung – Steuerung des Konsumentenverhaltens, Würzburg u.a. 1982, S. 161
[12] Vgl. Th. Hermann, K.-H. Stäcker, a.a.O., S. 432f.
[13] Vgl. I. Langer, F. Schulz v. Thun, R. Tausch, Verständlichkeit, München u.a. 1974, S. 13ff.

bleibt (innere Ordnung). Zu dieser inneren Ordnung hat eine äußerliche Gliederung zu treten, die dem Informationsempfänger bei der Unterscheidung von Wesentlichem und weniger Wichtigem hilft; dazu sind gliedernde Vor- und Zwischenbemerkungen und Hinweise auf Zusammenfassungen im gesprochenen Text, Absätze und Überschriften sowie Fettschriften und Unterstreichungen im geschriebenen Text zu rechnen.

Zur Verdeutlichung führen Langer, Schulz v. Thun und Tausch folgende Gegenüberstellung an:

Gliederung – Ordnung	**Ungegliedertheit Zusammenhanglosigkeit**
gegliedert	ungegliedert
folgerichtig	zusammenhanglos, wirr
übersichtlich	unübersichtlich
gute Unterscheidung von Wesentlichem und Unwesentlichem	schlechte Unterscheidung von Wesentlichem und Unwesentlichem
der rote Faden bleibt sichtbar	man verliert oft den roten Faden
alles kommt schön der Reihe nach	alles geht durcheinander

Kürze-Prägnanz bezieht sich auf den sprachlichen Aufwand im Verhältnis zum Informationsziel. Diese Dimension ist als erfüllt anzusehen, wenn auf zielbezogen Entbehrliches (z.B. nicht notwendige Einzelheiten) und sprachliche Entbehrlichkeiten (z.B. Füllwörter und Phrasen) verzichtet wird. Einzelaspekte von Kürze-Prägnanz und Weitschweifigkeit als Gegenpol sind:

Kürze-Prägnanz	**Weitschweifigkeit**
kurz	zu lang
aufs Wesentliche beschränkt	viel Unwesentliches
gedrängt	breit
aufs Lehrziel konzentriert	abschweifend
knapp	ausführlich
jedes Wort ist notwendig	vieles hätte man weglassen können

Zusätzliche Stimulanz läßt sich u.a. über Reizwörter, humorvolle Formulierungen, rhetorische Fragen und Bildmaterial erzielen. Es sind damit also Maßnahmen gemeint, die den Informationsempfänger anregen, die seine Aufmerksamkeit und sein persönliches Interesse sichern sollen. Entsprechend ergibt sich zu dieser Dimension als Gegenüberstellung:

Zusätzliche Stimulanz	**Keine zusätzliche Stimulanz**
anregend	nüchtern
interessant	farblos
abwechslungsreich	gleichbleibend neutral
persönlich	unpersönlich

Während sich die drei erstgenannten Dimensionen der Verständlichkeit
– Einfachheit, Gliederung-Ordnung, Kürze-Prägnanz – widerspruchsfrei verwirklichen lassen, scheint man mit den Dimensionen „Kürze-Prägnanz" und „Zusätzliche Stimulierung" grundsätzlich in einen Konflikt zu geraten. Denn „Zusätzliche Stimulanz" verlängert zwangsweise den gesprochenen oder geschriebenen Text. Werden die Stimulanz-Elemente jedoch selbst kurz gefaßt und konsequent auf das Informationsziel konzentriert, so lassen sich zumindest relativ kurz-prägnante Texte mit gleichzeitiger Stimulanz verwirklichen.

Hingewiesen sei zum Aspekt ‚Verständlichkeit' jedoch noch auf das sog. **Dr. Fox-Phänomen**, benannt nach einem Dr. Fox, der einen sprachlich komplizierten und damit hohen wissenschaftlichen Anspruch vortäuschenden Unsinns-Vortrag hielt und mit diesem selbst von fachkundigem Publikum positive Bewertung bekam.[14] Daraus könnte gefolgert werden, daß sich leichte Verständlichkeit nicht unbedingt empfiehlt, weil aus ihr geringere Kompetenz/Glaubwürdigkeit des vortragenden Verkäufers geschlossen wird als aus einem sprachlich bis zur Unverständlichkeit komplizierten Vortrag.

Zumindest bei der in dieser Schrift verfolgten Absicht, die Voraussetzungen für langfristig optimale Verkaufsergebnisse aufzuzeigen, wird (auch bei völligem Außerachtlassen ethischer Beurteilung) gegen die Dr. Fox-Strategie zu entscheiden sein. Denn längerfristig ist bei den Käufern mit Lerneffekten zu rechnen, die sich gegenüber dem Dr. Fox-Verkäufer als Bumerangeffekte auswirken werden.

Hinsichtlich des **Schlußfolgerungsgrades** in sprachlichen Kommunikationen wurde festgestellt, daß **Beeinflussungen eher über Sprachinhalte mit ausdrücklichen** (expliziten) **Schlußfolgerungen** gelingen als über Sprachinhalte ohne Schlußfolgerungen oder mit impliziten Schlußfolgerungen[15].

Untersuchungen zur **Sprachmenge** in Interaktionen haben gezeigt, daß der Interaktionspartner mit der größten sprachlichen Ausstoßmenge als Verhandlungsführer empfunden und ihm im weiteren der höhere soziale Status zuerkannt wird.[16] Für die praktische Verkaufsarbeit läßt sich daraus ableiten, daß der Verkäufer seinen Kunden möglichst viel zu Wort kommen lassen sollte, um ihm von daher Gefühle des Herrschens und der Überlegenheit im Verkaufsgespräch zu vermitteln. Entsprechend lautet ein Merksatz für den Verkäufer: „Denke daran, daß Du mit zwei Ohren, aber nur einem Mund geboren bist – Du solltest doppelt so viel Zuhören wie Reden!"[17]

---

[14] Vgl. A. Engels, E. Timaeus, ‚Face-to-Face'-Interaktionen, in: Handbuch der Psychologie, Bd. 12 (1), Göttingen 1983, S. 352
[15] Vgl. u.a. H. C. Triandis, Einstellungen und Einstellungsänderungen, Weinheim u.a. 1975, S. 278f.; W. Stroebe, Grundlagen der Sozialpsychologie I, Stuttgart 1980, S. 313f.
[16] Vgl. S. Moscovici, a.a.O., S. 232
[17] A. J. Faria u.a., Creative Selling, 5. Aufl., Cincinnati 1993, S. 270: "Remember that you were born with two ears and only one mouth – you should listen twice as much as you talk."

Zum Reden veranlassen kann der Verkäufer seinen Kunden durch Fragen, zum Weitersprechen kann er ihn durch zustimmende sprachliche Äußerungen (aha! ja! genau!) und nichtsprachliche Signale bringen. Zu den nichtsprachlichen Signalen, über die dem Gesprächspartner aufmerksames Zuhören mitgeteilt werden kann, gehören Kopfnicken und entsprechende Gestik.[18]. Werden die zustimmenden Schlüsselreize entzogen oder gar bremsende Reize gesendet (Kopfschütteln, Stirnrunzeln, Stoppzeichen der Hände), so wird der Interaktionspartner weniger sprechen oder zu sprechen aufhören. Der Verkäufer sollte das eigene Wort suchen, ohne die Interaktion mit dem Kunden durch Entzug zustimmender Schlüsselreize zu belasten. Dies kann gelingen, indem z.b. das zustimmende ‚Ja' in einem eigene Redeabsicht signalisierenden Tonfall gebracht oder zum entsprechenden Zeitpunkt mit Augenbewegungen das Wort erbeten wird; denn der jeweils Sprechende pflegt an grammatischen Einschnitten aufzuschauen, um sich zu vergewissern, daß der andere bereit ist, ihn weitersprechen zu lassen. Daraus wird bereits deutlich, daß zwischen sprachlichen und nichtsprachlichen Informationen ein Zusammenspiel besteht, auf das noch ausführlicher zurückzukommen ist.

Um dem Kunden Dominanzgefühle verschaffen zu können, sollte der Verkäufer sich auch der vom **Tonfall der Stimme** ausgehenden Wirkungen bewußt sein. Lauter Stil vermittelt Dominanzgefühle, sanfter Tonfall führt dagegen zu Gefühlen der Unterlegenheit oder Unterordnung (Submissionseindrücke).[19] Die **Lautstärke** beim Sprechen ist zudem als Einflußfaktor der Überzeugungskraft des Sprechenden einzuschätzen. Vermutet wird eine umgekehrt u-förmige Beziehung zwischen Lautstärke und Überzeugungskraft[20], d.h. größte Überzeugungskraft bei mittlerer Lautstärke und geringere Überzeugungskraft bei geringer und bei hoher Lautstärke.

Zur **Verständlichkeit und Wirksamkeit grafischer Phänomene** der geschriebenen Sprache ist insbesondere auf die Arbeit von Teigeler zu verweisen.[21] Untersuchungen haben u.a. gezeigt, daß fette Schriften Erkennbarkeit auch aus großer Entfernung am besten sichern können, daß hinsichtlich der Lesbarkeit dagegen eine halbfette Schrift der mageren und fetten geringfügig überlegen ist. Kursiv- und Negativschriften sollten wegen ihrer schlechten Lesbarkeit vermieden werden.

Da sich Schriftbilder mit geringen Zeilenabständen ebenfalls als schlecht lesbar herausgestellt haben, sollte man – bei begrenztem Raum – zur Steigerung der Lesbarkeit kleine Schriften mit reichlichem Zeilenabstand größeren Schriften mit entsprechend kleineren Zeilenabständen vorziehen.

---

[18] Vgl. M. Argyle, Soziale Interaktion, Köln 1972, S. 71 und S. 168
[19] Vgl. M. Argyle, Interaktion, a.a.O., S. 139
[20] Vgl. A. Engels, E. Timaeus, a.a.O., S. 381
[21] P. Teigeler, Verständlichkeit und Wirksamkeit von Sprache und Text, Stuttgart 1968, insbes. S. 92ff.

b) Nichtsprachliche Kommunikation

Zu den nichtsprachlichen Kommunikationselementen zählen das Interaktionsumfeld (gebildet durch den Raum sowie die Objekte im Raum) und die Körper der Interaktionspartner.

Sowohl aus der geografischen Lage des Raumes (Landschaft, Klima), den Eindrücken auf dem Wege zum Raum, den Ausblicksmöglichkeiten aus dem Raum als auch aus den Verhältnissen im Raum (Größe und Schnittform, Farbgebung, Temperatur- und Lichtverhältnisse, Möblierung und Ausstattung) sind kommunikationsrelevante Wirkungen zu erwarten. Hat der Verkäufer die Möglichkeit, das **Interaktionsumfeld** zu wählen und zu gestalten, so kann er bei entsprechenden Kenntnissen über den Kunden eine Atmosphäre schaffen, in der dieser sich wohlfühlt, die ihn zum Verweilen einlädt und/ oder ihn besänftigt.

Allerdings lassen sich mangels entsprechender wissenschaftlicher Untersuchungen zur Mehrzahl der angeführten Einzelaspekte hinsichtlich ihrer generell zu erwartenden Wirkung bisher lediglich Plausibilitätserklärungen liefern.

So ist z.B. anzunehmen, daß reizvolle landschaftliche Einbettung, Bequemlichkeit des Raumzuganges, nicht beengende Raumgröße und Schnittform des Raumes, auf etwa 21°C temperierte Luft und sitzbequeme Möblierung Momente zur Begünstigung der Verkaufsatmosphäre darstellen.

Befindet sich der Kunde in sitzender Stellung, so kann dies mit zu einer entspannten Stimmung verhelfen. Je weicher und umhüllt-geborgener der Kunde im angebotenen Sessel sitzt und je mehr ihn diese Sitzmöglichkeit in eine liegende Stellung bringt, desto weniger wird er – unter sonst gleichen Umständen – zu aggressivem Stil neigen.

Wichtig erscheint auch die Positionierung der Sitzgelegenheiten bzw. der Interaktionspartner zueinander.

Zu vermeiden sind Positionierungen direkt gegenüber, da sie konfrontieren; günstiger erscheinen Positionierungen schräg gegenüber oder nebeneinander. Bei der Nebeneinander-Positionierung, die als grundsätzlich sehr soziopetal (Interaktionen begünstigend) belegt ist,[22] gilt es allerdings zu beachten, daß sie einerseits Blickkontakte erschwert und zudem zu intimen Distanzen führen kann, die als unschicklich oder unangenehm empfunden werden mögen.[23] Sehen Individuen ihre persönliche Schutzsphäre verletzt, so können daraus „soziale Unfälle" entstehen. Untersuchungen zur Interaktionsdistanz haben ergeben, daß für Geschäftsabwicklungen generell die sog. soziale Distanz in ihrer engeren Zone den Vorzug erhält; diese liegt bei einem Distanz-

---

[22] Vgl. C. F. Graumann, Interaktion, a.a.O., S. 1240
[23] Vgl. C. F. Graumann, Interaktion, a.a.O., S. 1221

maß von 1,30-2,30 m und schließt damit gegenseitige Berührung grundsätzlich aus.[24]

Zur **Farbgestaltung des Umfeldes** und den daraus zu erwartenden Wirkungen ist belegt, daß bestimmte Farben zwar nicht für den Menschen schlechthin eine spezifische Bedeutung aufweisen, daß sie aber in einer bestimmten soziokulturellen Einheit durch Konvention zwischen Individuen und Gruppen häufig eine bestimmte Bedeutung bekommen haben.[25] So wird Trauer z.B., je nach Kulturkreis, durch die Farben Schwarz, Weiß, Gelb, Rot oder Grün symbolisiert.

Zur Wirkung von Farben auf das Befinden wurde im Vergleichstest zwischen Blau, Weiß und Rot festgestellt, daß Blau zu angenehmen Vorstellungen, Wohlbefinden und Ausgeglichenheit führt, Weiß die Reaktion ‚Langeweile' erbrachte und Rot Erregung, aggressive und sexuelle Vorstellungen auslöste.[26] Die Untersuchungen von Wexner haben gezeigt, daß sich die Assoziation „sicher, behaglich", die generell für Verkaufsumfelder geeignet erscheint, nicht nur bei der Farbe Blau, sondern ebenfalls – wenn auch vermindert – bei Grün und Braun ergab.[27]

Zu beachten gilt es dabei jedoch, daß die Wirkung einer Farbe keine konstante Gegebenheit darstellt, sondern in Abhängigkeit von der Gesamtsituation und den Begleitumständen steht, in der die betreffende Farbe erscheint.[28]

Kommunikationsrelevanz erlangen können im weiteren alle **im Raum vorhandenen Objekte** wie Möbel, Lampen, Wandschmuck, Blumen und Pflanzen, Tabak- und Eßwaren, Getränke sowie das eigentliche Demonstrationsmaterial. Gerade über gemeinsames Essen, Trinken oder Rauchen (Vorsicht bei anwesenden Nichtrauchern!) läßt sich häufig die Atmosphäre auflockern und Sozialgewinn in der Interaktion erzielen. Es ist jedoch auch hier darauf hinzuweisen, daß die „Bedeutung natürlicher und gemachter Objekte für die interpersonale Kommunikation (allgemein) ... noch kaum analysiert"[29] ist; speziell für die Verkaufsinteraktion liegen bisher keine gesicherten Erkenntnisse vor.

Wahrscheinlich jedoch werden auch keine verallgemeinernden Nachweise gelingen, da die erzielbaren Wirkungen in starkem Maße von den individuel-

---

[24] Vgl. C. F. Graumann, Interaktion, a.a.O., S. 1221
[25] Vgl. U. König, Farbenpsychologie, in: Marketing Enzyklopädie, Bd. 1, München 1974, S. 697
[26] Vgl. R. M. Gerard, Differential effects of colored lights on psycho-physiological Functions, Diss. University of California, Los Angeles 1958, zit. nach A. M. J. Houben, Farbwahl- und Farbgestaltungsverfahren, in: Handbuch der Psychologie, Bd. 6, 3. Aufl., Göttingen 1971, S. 747
[27] Vgl. L. B. Wexner, The Degree to Which Colors (Hues) Are Associated with Mood-Tones, in: Journal of Applied Psychology, Vol. 38 (1954), S. 433
[28] Vgl. B. Kouwer, Colors and their Character, The Hague 1949, S. 67
[29] C. F. Graumann, Interaktion, a.a.O., S. 1241

len Neigungen des jeweiligen Kunden abhängen. Will der Verkäufer über bestimmte Objekte die Kommunikation beeinflussen, benötigt er demzufolge Kenntnisse über die individuellen Eigenheiten seines Verhandlungspartners.

Das Wissen aber, daß der erwartete Kunde z.b. Liebhaber bestimmter Blumen oder Kakteenliebhaber ist, kann dem Verkäufer über entsprechende ‚Raumdekoration' zumindest bei der Kontaktaufnahme helfen.

Reale Demonstrationsgegenstände wirken generell stärker veranschaulichend als Demonstrationsmaterial in Text- oder Bildform.[30] Folglich sollte der Verkäufer das Verkaufsobjekt in Originalform oder zumindest als maßstabsgerechtes, so weit wie möglich funktionsfähiges Modell zur Verfügung haben. Ist dies nicht realisierbar, so sollte auf jeden Fall konkretes **Bildmaterial**, am besten in Form dynamischer konkreter Bilder (Video), zur Demonstrationsunterstützung verfügbar sein.

Zum einen vermögen Bilder Informationen schneller zu transportieren als dies der Sprache und Textmaterial möglich ist.[31] Kroeber-Riel hat diese Erkenntnis in dem Merksatz „Bilder sind schnelle Schüsse ins Gehirn"[32] verdichtet. In den ein bis zwei Sekunden, die zur Aufnahme eines Bildes mit einer Vielzahl sachlicher und emotionaler Eindrücke benötigt werden, „kann man je nach Lesegeschwindigkeit fünf bis zehn Wörter eines einfachen Textes aufnehmen, also nur einen Bruchteil der komplexen Eindrücke, die in dieser Zeit vom Bild vermittelt werden".[33]

Zum anderen ist das Bildgedächtnis dem Sprachgedächtnis überlegen.[34] Durch Bilder lassen sich Informationen also nachhaltiger beim Empfänger verankern als über gesprochene oder gedruckte Texte.

Zum dritten zeichnet sich vor allem Film- und Fotomaterial gegenüber Texten durch tendenziell größere Glaubwürdigkeit aus,[35] da es „wie in Wirklichkeit wahrgenommen"[36] wird.

Optimale Bildwirkungen in den angeführten Formen setzen voraus, daß bei der Auswahl und Gestaltung des Bildmaterials zunächst auf dessen klare Verständlichkeit für die jeweiligen Empfänger geachtet wird. In dieser Hinsicht können sich Probleme u.a. bei Verwendung von Symbolbildern oder Symbolelementen in Bildern ergeben.[37] Im weiteren ist Einprägsamkeit für die Empfänger zu sichern. Diese hängt entscheidend davon ab, daß die Empfänger sich direkt berührt fühlen (Ausrichtung der Bildmotive auf die persönliche,

---

[30] Vgl. K. Foppa, Lernen, Gedächtnis, Verhalten, 7. Aufl., Köln u.a. 1970, S. 165
[31] Vgl. W. Kroeber-Riel, Strategie und Technik der Werbung, 4. Aufl., Stuttgart 1993, S. 16f.
[32] W. Kroeber-Riel, Bildkommunikation, München 1993, S. 53
[33] W. Kroeber-Riel, Bildkommunikation, a.a.O., S. 53
[34] Vgl. W. Kroeber-Riel, Werbung, a.a.O., S. 188
[35] Vgl. W. Kroeber-Riel, Bildkommunikation, a.a.O., S. 79
[36] W. Kroeber-Riel, Bildkommunikation, a.a.O., S. 36
[37] Vgl. W. Kroeber-Riel, Bildkommunikation, a.a.O., S. 133

familiale, betriebliche Situation des Empfängers) und zu Assoziationen (Vorstellungen/Verknüpfungen) angeregt werden.[38]

Unter den kommunikationsrelevanten Elementen, die dem **Körper der Interaktionspartner** zuzurechnen sind, kommt besondere Bedeutung der Körperhaltung, der Körperbewegung und speziell dem Gesichtsausdruck, der Kleidung und Aufmachung sowie der Blickrichtung und den Blickkontakten zu.

Durch **Haltung, Gestik** und **Gesichtsausdruck** lassen sich sprachliche Äußerungen unterstreichen; da diese Körperäußerungen zum Teil aber auch Symbolbedeutungen haben, können sie teilweise sogar völlig an die Stelle sprachlicher Äußerungen treten (Nicken, Lächeln, Schulterzucken). Die Wirksamkeit derartiger Zeichen hängt von der Form der Ausdeutung durch den Empfänger ab; neben weitgehend transkulturellen Zeichen (z.B. Lächeln und Nicken) existieren offenbar kultur- und gruppenspezifische Zeichen (z.B. insbesondere bei der Ausdeutung von Handzeichen), deren Nichtkenntnis zu Schwierigkeiten oder gar zum Scheitern von Verkaufsverhandlungen gerade unter internationalen Partnern führen kann.[39]

Allerdings lassen sich auch hier für die praktische Verkaufsarbeit bisher nur wenige Hinweise geben, die von der Kinesiologie als entsprechender Forschungsrichtung belegt erscheinen. Bekannt ist so beispielsweise, daß der Interaktionspartner mit der geringeren **Körpergröße** zu Submissionsgefühlen (Unterlegenheitsgefühl) neigt.[40] Ist der Verkäufer also größer als der potentielle Käufer, kann dies zu Belastungen für das Verkaufsgespräch führen. Der Verkäufer sollte sich hier durch Verkleinerung (Bücken, Neigen des Körpers, Wahl tiefer Sitzgelegenheit) anpassen und damit dem Kunden trotz körperlicher Unterlegenheit Dominanzgefühle gestatten.

Über **Kleidung** und **Aufmachung** (Frisur, Schmuck, Kosmetik) läßt sich Zugehörigkeit zu Gruppen und Abgrenzung von anderen signalisieren; damit vermag die Kleidung und Aufmachung kommunikationserleichternd oder -erschwerend zu wirken. Im weiteren ist bekannt, „daß der Mensch mit seiner Aufmachung ... seine Stimmung ausdrücken und seine Einstellung offerieren kann."[41] Kleidung und Aufmachung sind also ebenfalls zur Sprache ohne Worte zu rechnen. Häufig wirken sie vor der Sprache und färben die Aufnahme sprachlicher Kommunikationselemente vor. Nichtanpassung in der Kleidung und Aufmachung seitens des Verkäufers an die Vorstellung des Verhandlungspartners könnte von diesem als Mißachtung seiner Person ausge-

---

[38] Vgl. W. Kroeber-Riel, Bildkommunikation, a.a.O., S. 77
[39] So weist Argyle, Interaktion, a.a.O., S. 85 z.B. darauf hin, daß Herausstrecken der Zunge in manchen Gegenden Chinas eine Entschuldigung, in manchen Gegenden Indiens eine Art bösen Blick, in Tibet Ehrerbietung und auf den Marguesas Verneinung bedeutet. Siehe für weitere Beispiele auch M. Argyle, Körpersprache und Kommunikation, Paderborn 1979, S. 97ff.
[40] Vgl. J. Fast, Körpersprache, Reinbek 1971, S. 78
[41] C. F. Graumann, Interaktion, a.a.O., S. 1229

Erstes Kapitel: Grundlagen

deutet werden (z.B. in Freizeitkleidung auftretende Verkäufer bei einem auf konventionelle Bekleidung ausgerichteten Erwartungsmuster seitens des Kunden). Es erscheint unmittelbar plausibel, daß eine derartige Nichtanpassung kommunikationserschwerend oder gar -blockierend wirken wird. Daß die Kleidung von Einfluß auf die Statusbeurteilung ist, wurde wiederholt belegt;[42] Untersuchungen, aus denen sich Ratschläge für Verkäufer ableiten ließen, fehlen jedoch bisher. Plausibel erscheint, daß der Verkäufer im allgemeinen den potentiellen Kunden in Kleidung und Aufmachung nicht ausstechen sollte.

Dem **Blickkontakt** können sehr unterschiedliche kommunikative Funktionen zukommen. Er kann der Kontaktaufnahme und Sympathiebekundung (insbesondere zusammen mit dem Lächeln) dienen, er läßt sich aber auch als Dominanzgebärde (Fixieren) oder Drohgebärde (Anstarren) einsetzen. Der Verkäufer hat folglich auf jeden Fall ein Fixieren oder Anstarren des Käufers zu vermeiden.

Da die Aufnahme von Blickkontakt Bekräftigungs-Charakter aufweist[43] und entsprechend auch bei „unfreundlichen" Situationen negativ bekräftigend wirkt, kann dem Verkäufer empfohlen werden: Beim Hineingeraten in derartige Situationen Blickkontakt meiden und entsprechend positive Entwicklungen durch Blickkontakte verstärken. Allerdings ist diese Empfehlung nicht so zu interpretieren, daß der Verkäufer bereits immer dann, wenn es kritisch zu werden droht, vorsorglich Entschärfung durch Blickabwenden versuchen sollte. Denn ein derartiges Verhalten des Verkäufers wird der Kunde als Unsicherheitssignal registrieren; d.h., der Verkäufer würde damit erst recht eine kritische Situation heraufbeschwören. So ist beispielsweise nicht zu empfehlen, der Verkäufer solle in der im allgemeinen kritischen Situation der Preisnennung den Blick abwenden; hier wird sich im Gegenteil eher Aufnahme oder Halten des Blickkontaktes als hilfreich erweisen.

In diese Richtungen weisen auch die folgenden Einschätzungen von Engels und Timaeus: „Schaut man den Partner an, während man ihm etwas sagt, wird man mit größerer Wahrscheinlichkeit für glaubwürdig und kompetent gehalten. Schaut man den Partner dagegen nicht an, wird man entweder für weniger ehrlich gehalten oder es wird unterstellt, man müsse sich stark auf seine Gedanken konzentrieren und sei deswegen, wahrscheinlich wegen geringer Kompetenz, in seinen Aussagen weniger glaubwürdig."[44]

---

[42] Vgl. J. Jahnke, Interpersonale Wahrnehmung, Stuttgart u.a. 1975, S. 115; R. Conrady, Die Motivation zur Selbstdarstellung und ihre Relevanz für das Konsumverhalten, Frankfurt/M. u.a. 1990, S. 173
[43] Vgl. K. Holzkamp, Reinforcement durch Blickkontakt, in: Zeitschrift für experimentelle und angewandte Psychologie, Jg. 16 (1969), S. 538ff.
[44] A. Engels, E. Timaeus, a.a.O., S. 381

c) Zusammenspiel sprachlicher – nichtsprachlicher Kommunikation und Rückkopplung

Sprachlichen und nichtsprachlichen Elementen kommen verschiedene Schwerpunkte in der Zielrichtung der Kommunikation zu. Über die sprachlichen Mittel erscheint im besonderen eine Kommunikation über Dinge und andere Menschen möglich, während nichtverbale Signale geeigneter zur Kommunikation über Emotionen und interpersonelle Einstellungen sind.[45]

Sprachliche und nichtsprachliche Signale werden allerdings in der Regel nicht isoliert, sondern **kombiniert** eingesetzt. Ihre Wirksamkeit hängt dabei davon ab, ob sie zueinander passend und sich ergänzend gesendet werden, beim Empfänger also auf jeden Fall widerspruchsfrei ankommen können. Ein Verkäufer, der ohne Körperzuwendung und ohne Aufnahme von Blickkontakt mit matter, ausdrucksloser Stimme zu seinem Kunden sagt: „Ich bin glücklich, Sie zu sehen!", wird folglich mit seiner Aussage nicht glaubwürdig sein, zumal als generelle Tendenz gilt, daß die nonverbalen Signale glaubwürdiger erscheinen.[46] Diese Tendenz wird mit der Vorstellung erklärt, nonverbale Signale unterlägen den Kontroll- und Steuerungsmöglichkeiten in geringerem Maße als die sprachlichen.

Um beim Interaktionspartner den gewünschten Erfolg zu erzielen, hat der Sendende sich Klarheit darüber zu verschaffen, ob seine Signale in der beabsichtigten Form ankommen. Dazu sind die Reaktionen des Empfängers zu beobachten; es gilt festzustellen, ob man bei ihm auf Verständnis stößt, ob man glaubwürdig erscheint, ob er erstaunt ist, ob bei ihm Freude oder Langeweile entsteht. Aus derartigen Informationen läßt sich gezielt die nächste zu sendende Information ableiten (Rückkopplung). Die entsprechenden Informationen ergeben sich aus sprachlichen und nichtsprachlichen Äußerungen. Unter den nichtsprachlichen Äußerungen kommt dabei dem Gesichtsausdruck besondere Bedeutung zu.[47] Beispielsweise zeigen hochgezogene Augenbrauen Überraschung oder Ungläubigkeit, sich verengende Augen Mißvergnügen und sich weitende Pupillen Freude und angenehme Empfindungen an.[48] Bewegungen des Mundes können Skepsis, Freude oder Traurigkeit signalisieren.

Die Kongruenz der Körperhaltungen bei den Interaktionspartnern gilt als Anzeichen dafür, wie eine Kommunikation generell läuft: Zeigt der Interaktionspartner identische oder spiegelbildliche Haltungen, so läuft die Interaktion gut. Die Haltungskongruenz verliert sich, wenn die Interaktion als ineffezient oder unbefriedigend beurteilt wird.[49]

---

[45] Vgl. M. Argyle, Interaktion, a.a.O., S. 74
[46] Vgl. A. Engels, E. Timaeus, a.a.O., S. 378; M. Argyle, Körpersprache, a.a.O., S. 342; M. Klammer, Nonverbale Kommunikation beim Verkauf, Heidelberg 1989, S. 65ff.
[47] Vgl. M. Argyle, Interaktion, a.a.O., S. 72
[48] Vgl. J. Fast, a.a.O., S. 10
[49] Vgl. H. G. Walbott, Nonverbale Kommunikation, in: R. Asanger u.a. (Hrsg.), Handwörterbuch Psychologie, 4. Aufl., München u.a. 1988, S. 491

D. Psychologische und soziologische Grundlagen zur Ableitung des optimalen Verkäuferverhaltens

I. Psychologisch orientierte Ansätze

a) Motivtheorie

1. Motive, Motivationen und Einstellungen

Die Frage nach der Motivation ist auf das „Warum" des Verhaltens gerichtet. Erhellt werden sollen die Beweggründe, die ein Individuum dazu veranlassen, sich in bestimmter Form (Richtung und Intensität) zu verhalten, und es damit veranlassen, bestimmte Dinge zu tun und andere zu unterlassen. Weiß der Verkäufer um das „Warum" des Käuferverhaltens, hat er also Kenntnis von den Beweggründen des Käufers, so kann er sich gezielt auf diese einstellen.

Mit dem Begriff „Motiv" wird die **Bereitschaft** eines Individuums **zu einem bestimmten Verhalten** bezeichnet; der Motivbegriff ist damit Ausdruck für eine Disposition des Menschen,[50] er steht für latentes Verhalten. Unter **Motivation** werden dagegen **aktivierte Beweggründe des Verhaltens** (Bedürfnisse, Strebungen, Triebe, Wünsche) gefaßt. Daraus ergibt sich, daß Motivationen dem Erleben unmittelbar zugänglich sind.[51]

Aktiviert werden Motive durch **Anreize**. Die Wirkung von Reizkonstellationen ist abhängig von den positiven (bzw. negativen) **Einstellungen**, die das Individuum gegenüber den Reizen hat. Eine bestimmte Reizkonstellation (z.B. zu einem bestimmten Zeitpunkt wahrgenommene Werbung für Bier) kann also zu einer Aktivierung des Motives „Durst" führen (bei Individuen mit positiver Einstellung zu Bier) oder als Anreiz versagen (bei Individuen mit negativer Einstellung zum Bier). Einstellungen beruhen auf Erfahrungen; sie sind gelernt. Zweckmäßig (im Hinblick auf die Bemühungen des Verkäufers) erscheint zum Begriff „Einstellung" eine Unterteilung nach der zeitlichen Konstanz in relativ kurzzeitige (englisch: set) und relativ überdauernde (englisch: attitude) Einstellungen.

Liegt im ersten Fall eine Gerichtetheit und Orientierung vor, die auf Grund relativ geringer Stabilität auch für kurzfristige Änderungen offen erscheint, sind Attitüden in Richtung verfestigte Meinungen, Überzeugungen, Vorurteile zu interpretieren und lassen sich daher im allgemeinen nur längerfristig abbauen oder wesentlich verändern.

Da sich Einstellungen durch Informationen ändern können,[52] ist die Wirksamkeit von Reizkonstellationen nicht einseitig von den Einstellungen gegen-

---
[50] Vgl. Ph. Lersch, Aufbau der Person, 8. Aufl., München 1962, S. 60 und B. Rüttinger u.a., Motivation des wirtschaftlichen Verhaltens, Stuttgart u.a. 1974, S. 20
[51] Vgl. B. Rüttinger, L. v. Rosenstiel, W. Molt, a.a.O., S. 14
[52] Vgl. D. Krech, R. S. Crutchfield, Allgemeine Psychologie, Band I, 6. Aufl., Weinheim u.a. 1974, S. 498

über den Reizen abhängig, die Reize vermögen vielmehr auch die Einstellungen zu beeinflussen. Die Erkenntnis dieser **Wechselbeziehung eröffnet dem Verkäufer folgende grundsätzliche Möglichkeiten:**

(1) Der Verkäufer kann sich auf das Senden von Reizen konzentrieren, die auf positive Einstellungen des Käufers zum Kaufobjekt treffen.

(2) Der Verkäufer hat zunächst Informationen zu vermitteln, die eine positive Einstellung zum Kaufobjekt formen, um mit Folgereizen auf entsprechend zum Positiven gewendete Einstellungen zu treffen.

Während der Verkäufer im Fall (1) einstufig zu einer Motivaktivierung führen kann, darf er im Fall (2) die Bildung von Motivationen erst nach Einstellungsänderungen (zum Positiven) erwarten.

2. Motivarten und ihre Bedeutung für den Verkaufsprozeß

Bei den Bemühungen, Erklärungen für das menschliche Verhalten zu finden, haben sich

(1) monothematische
(2) polythematische
(3) athematische

Motivtheorien herausgebildet.[53]

Zu (1): Monothematische Motivtheorien

In den **monothematischen Ansätzen** wird eine Erklärung des Verhaltens aus **einem Motiv** versucht. Beispiele bilden das Streben nach Lust bzw. die Vermeidung von Unlust (S. Freud)[54], das Streben nach Geltung bzw. Macht (A. Adler)[55] oder speziell im ökonomischen Bereich das Streben nach Nutzenmaximierung, das insbesondere in der nationalökonomischen Literatur eine lange Tradition hat.[56]

Derartige die Motivstruktur auf einen Grundtrieb und damit eine Sammelgröße komprimierende Ansätze werden dem Verkäufer kaum eine Hilfe für optimales Verhalten sein. Zur Vermittlung von Lust-, Geltungs- oder Nutzengewinnen wäre jeweils nach den Einzelfaktoren zu fragen, die derartige Gewinne erbringen können. Man müßte zu Untergliederungen kommen und würde damit in der zweiten Stufe den monothematischen Ansatz verlassen.

---

[53] Vgl. H. Thomae, Das Problem der Motivarten, in: Handbuch der Psychologie, Band 2, Göttingen 1965, S. 418ff.
[54] S. Freud, Gesammelte Werke, London 1965
[55] A. Adler, Über den nervösen Charakter, München 1928
[56] In der nationalökonomischen Literatur bis auf Adam Smith zurückreichend; vgl. Ph. Kotler, Verhaltensmodelle für die Käuferanalyse, in: Marketing – Management und Organisation, hrsg. v. St. H. Britt, H. W. Boyd jr., München 1971, S. 160

Zu (2): Polythematische Motivtheorien

Polythematische Ansätze suchen die Erklärung für das Verhalten über **verschiedene Motive**. Im Versuch zu allumfassenden und abschließenden Katalogen zu gelangen, wurden Aufstellungen mit 5000 und mehr unterschiedenen Trieben entwickelt.[57] Derartige Aufstellungen führen sich selbst ad absurdum; in der Anwendung für die Verkäufertätigkeit sind sie höchstens geeignet, totale Verwirrung und Resignation auszulösen.

Einen komprimierten, im Zusammenhang mit Analysen des Käuferverhaltens häufig zitierten Ansatz hat Maslow[58] vorgelegt; unterschieden werden folgende fünf Motivkategorien:

- Physiologische Bedürfnisse (z.B. Hunger, Durst, Wärme, Schlaf, Sex)
- Sicherheitsbedürfnisse (gegenüber physischen und psychischen Verlusten)
- Soziale Bedürfnisse (Geselligkeit, Freundschaft, Liebe)
- Bedürfnis nach Selbstachtung und Anerkennung (Wertschätzung durch sich selbst und durch andere)
- Bedürfnis nach Selbstverwirklichung (Entfaltung der Persönlichkeit, Kreativität).

Maslow sieht diese Motivkategorien in hierarchischer Ordnung: das Individuum trachtet also zuerst nach Befriedigung der physiologischen Bedürfnisse; die jeweils folgende Bedürfniskategorie wird erst nach Erreichung eines bestimmten Anspruchsniveaus bei der vorhergehenden verhaltensrelevant.

Alle sich thematisch festlegenden Motivtheorien und damit auch der Ansatz Maslows unterliegen jedoch der Kritik, die individuelle Komplexität und Instabilität des Verhaltens nicht erfassen zu können. Menschliches Verhalten wird offenbar nicht von fest montierten Trieben gesteuert, sondern von formbaren und entwicklungsfähigen Motivationen (Wertewandel!).[59] Aus dieser Sicht erscheint es unmöglich, einen absolut gültigen abschließenden Bedürfniskatalog zu erstellen.

Hinsichtlich der Hierarchie ist anzumerken, daß keine natürliche Rangordnung existiert; die für das jeweilige Individuum zu einem bestimmten Zeitpunkt beobachtbare Bedürfnisfolge bestimmt sich vielmehr durch eine große Zahl mobiler Einzelfaktoren.[60]

---

[57] Eine Zählung von L. L. Bernard, Instinct. A study of social psychology, New York 1924 hat so bei etwa 400 Autoren zusammen 5684 angebliche Grundtriebe erbracht. Zit. nach G. Wiswede, Motivation und Verbraucherverhalten, 2. Aufl., München u.a. 1973, S. 70
[58] A. H. Maslow, Motivation and Personality, New York u.a. 1954
[59] Vgl. K. H. Hillmann, Soziale Bestimmungsgründe des Konsumentenverhaltens, Stuttgart 1971, S. 35f.
[60] Vgl. G. Wiswede, Motivation und Verbraucherverhalten, 2. Aufl., München u.a. 1973, S. 114ff.

Zu (3): Athematische Motivtheorien

Aus der Kritik zu den vorgenannten Ansätzen erklärt sich die Auffassung, eine **allgemeine Theorie des Käuferverhaltens** solle keine generellen Motivinhalte angeben. Sie solle vielmehr **athematisch formuliert** und lediglich im konkreten Fall mit den dafür relevanten Motivinhalten ausgefüllt werden.[61]

Für die Arbeit des Verkäufers bedeutet dies, daß sich fertige Motivlisten und -rangordnungen mit Allgemeingültigkeit offenbar nicht liefern lassen. **Es wird vom jeweiligen Interaktionspartner abhängen, welche Motive in welcher Abstufung relevant sind.** Möglich erscheinen lediglich Hinweise auf Kristallisationsformen von Motiven, die entweder allen Menschen gemeinsam oder doch für bestimmte Gruppen anzunehmen sind.[62] Auf derartige Generalisierungsmöglichkeiten sei an späterer Stelle eingegangen.

b) Lerntheorie

1. Einführung

Zumindest im kaufvertragsfähigen Alter ist nicht mehr damit zu rechnen, daß der Mensch rein von angeborenen Motiven geleitet wird. Sein Verhalten ist dann von Vorurteilen, Präferenzen, sozialen Haltungen, Idealen geprägt, die gelernt worden sind. Der nach optimalem Verhalten strebende Verkäufer sollte daher wissen, wie sein Kunde lernen kann.

Der wissenschaftliche Begriff ‚**Lernen**' wird im Gegensatz zum umgangssprachlichen nicht als Tätigkeit interpretiert, sondern als **Änderung in der Verhaltensweise des Individuums über die Zeit**.[63] Das Individuum hat gelernt, wenn es sich in Reaktion auf eine Umweltsituation relativ dauerhaft anders verhält oder verhalten kann.

2. Grundansätze in der Lerntheorie

Bei den Lerntheorien seien als grundsätzlich unterscheidbare Ansätze zunächst

(1) Reiz-Reaktions-Theorien (S-R-Theorien)
(2) Kognitive Theorien (S-S-Theorien)

herausgestellt.[64]

---

[61] Vgl. F. E. Hoepfner, Beeinflussung des Verbraucherverhaltens, München 1975, S. 73

[62] Vgl. G. Wiswede, Motivation, a.a.O., S. 72

[63] Zu berücksichtigen ist dabei allerdings, daß es auch Verhaltensänderungen gibt, die nicht auf Lernen beruhen: Ermüdung, Reaktionen auf Pharmaka, organische Veränderungen, Verletzung, Reifung. Vgl. F. Sixtl, W. Korte, Der lerntheoretische Ansatz in der Sozialpsychologie, in: Handbuch der Psychologie, Bd. 7 (1), Göttingen 1969, S. 184

[64] Vgl. z.B. E. R. Hilgard, E. H. Bower, Theorien des Lernens I, 3. Aufl., Stuttgart 1973, S. 22ff.

Auf Theorien sozialen Lernens wird erst in späterem Rahmen[65] Bezug genommen.

Zu (1): Reiz-Reaktions-Theorien

Nach den Vorstellungen der Reiz-Reaktions-Theoretiker (zuzurechnen u.a. Pawlow, Skinner) **lernt das Individuum durch Verbindungen zwischen Reizen (Stimuli) und Reaktionen.** Das Verhalten wird als eine Folge von Reizen erklärt, die auf das Individuum gewirkt haben. Es werden Reaktionen gelernt. Diese Reaktionen verfestigen sich um so mehr zu Gewohnheiten, je regelmäßiger und häufiger auf eine bestimmte Reizkonstellation ein Erfolg eintritt. Der Lerneffekt ergibt sich aus der Wiederholung.

Bei Darbietung einer gleichen Reizkonstellation tritt gleiche Reaktion ein, es ist routinehaftes Verhalten zu erwarten. Bei Konfrontation mit neuen Reizkonstellationen neigt das Individuum zur Übertragung vorher gelernter Reaktionen, es reagiert also entsprechend, „und zwar entweder auf jene Elemente, die das neue Problem mit bekannten Problemen gemeinsam hat, oder gemäß Aspekten der neuen Situation, in denen sie bekannten Situationen ähnelt."[66]

Kommt das Individuum auf diesem Wege nicht zur Lösung, so fällt es in ein Probierverhalten zurück; es entnimmt seinem Repertoire dann eine Reaktion nach der anderen, bis das Problem gelöst erscheint. Die Reiz-Reaktions-Theorie sucht die Lösungsvoraussetzungen also in der Vergangenheit des Lernenden.

Herausgebildet haben sich innerhalb der Reiz-Reaktions-Theorie zwei Richtungen:

(a) Klassisches Konditionieren
(b) Operantes Konditionieren.

Zu (a): Klassisches Konditionieren

Die **Klassische Konditionierung** stellt ein von Pawlow[67] entdecktes Prinzip der **Steuerung von Reflexreaktionen durch ursprünglich neutrale Reize** dar. Ausgangspunkt des entsprechenden Lernmodells bildeten Versuche mit Hunden. Den Hunden wurde bei Verabreichung von Futter (natürlicher/ nicht konditionierter Reiz) ein neutraler Reiz (Läuten einer Glocke) dargeboten. Nach einigen Wiederholungen vermochte der ursprünglich neutrale Reiz (Läuten der Glocke) allein Reaktionen (Speichelfluß) ähnlicher Stärke auszulösen wie der natürliche Reiz. Es kam zur Konditionierung der Reaktion; es wurde also gelernt, auf den ursprünglich neutralen Reiz in bestimmter Form zu reagieren.

---

[65] Vgl. in diesem Grundlagenkapitel den Abschnitt D/II ‚Soziologisch orientierte Ansätze'.
[66] E. R. Hilgard, E. H. Bower, Bd. I, a.a.O., S. 25
[67] I. P. Pawlow, Conditioned Reflexes, London 1927; ders., Die bedingten Reflexe, München 1972

Im Bereich des Marketing wird dieser Ansatz in der Kommunikationspolitik in Form der Assoziationswerbung genutzt.[68] Eine Anwendung im Persönlichen Verkauf erscheint bei wiederholten Kontakten zwischen Verkäufer und Käufer denkbar. Ein bereits positive Reaktionen auslösender Reiz (z.B. ein vom Kunden anerkanntes Kaufobjekt) wird mehrfach in Verbindung mit einem zunächst neutralen Reiz (dem Kunden unbekanntes Kaufobjekt) dargeboten. Ähnlich dem Ablauf bei entsprechenden Werbedarbietungen kann der Kunde auf den ursprünglich neutralen Reiz positiv reagieren lernen, sich bei ihm also eine positive Einstellung zum zunächst unbekannten und neutral gesehenen Kaufobjekt herausbilden.

Voraussetzung für die Nutzbarkeit des Ansatzes sind Informationen über Reize, die den Kunden positiv reagieren lassen.

Zu (b): Operantes Konditionieren

Bei der **operanten Konditionierung** handelt es sich um einen insbesondere von Skinner[69] über Tierversuche herausgearbeiteten Ansatz des **Lernens nach dem Verstärkungsprinzip**.

Versuchstieren wurde unmittelbar nach Vollzug einer bestimmten Reaktion (Drücken eines Hebels) ein verstärkender Reiz (eine Futterpille) dargeboten. Um den Reiz zu erhalten, hatten die Tiere also eine bestimmte Handlung (daher die Bezeichnung „operant") vorzunehmen; der Verstärker wurde von einer Reaktion abhängig gemacht. Eine Konditionierung der Reaktion ließ sich dadurch nachweisen, daß der Verstärker die relative Häufigkeit der Reaktion pro Zeiteinheit erhöhte. Wenn das Versuchstier nach einmaligem Hebeldrücken auch nur eine einzige Futterpille erhielt, ließen sich 50 und mehr Handlungen (Reaktionen) feststellen.[70]

Die Wahrscheinlichkeit für ein bestimmtes Verhalten hängt nach diesem Ansatz von den vom Individuum empfundenen Konsequenzen dieses Verhaltens ab. Gelernt wird an den Konsequenzen. Die Konsequenzen können belohnender oder bestrafender Art sein. Eine Belohnung wird durch Darbietung eines positiven Reizes/Verstärkers (z.B. Erhöhung sozialer Anerkennung durch soziale Zuwendung) oder Entzug eines negativen Reizes (z.B. Abbau sozialer Mißbilligung durch soziale Zuwendung) vermittelt, Bestrafungen umgekehrt durch Entzug eines positiven Reizes oder Darbietung eines negativen Reizes.[71] Verstärkereffekte (Erhöhungen der Reaktionswahrscheinlichkeit) lassen sich folglich über Präsentation positiver Reize oder Entzug negativer Reize erreichen. Zu einer Verhaltensabschwächung kommt es, wenn sich das Individuum für sein Verhalten durch Präsentation negativer Reize oder Entzug positiver Reize bestraft fühlt. Dabei ist allerdings insofern

---
[68] Vgl. A. Bänsch, Käuferverhalten, a.a.O., S. 86
[69] B. F. Skinner, Wissenschaft und menschliches Verhalten, München 1973
[70] Vgl. E. R. Hilgard, G. H. Bower, Bd. I, a.a.O., S. 133
[71] Vgl. B. F. Skinner, a.a.O., S. 76f.

eine Asymmetrie zu sehen, als aus Bestrafungen im Vergleich zu Belohnungen geringere Verhaltenswirksamkeit zu erwarten ist.[72]

Zur langfristigen Optimierung seines Verhaltens gegenüber Käufern hat der Verkäufer aus diesem Ansatz zu schließen, daß der Grad der Kundentreue von dem Ausmaß an belohnenden Erfahrungen des jeweiligen Kunden abhängt. Hat ein Käufer positive Erfahrungen mit einem Verkäufer gewonnen, wird er weitere positive Erfahrungen erwarten (Übungstransfer) und den betreffenden Verkäufer wiederholt heranziehen. Während der einzelnen Verkaufsverhandlung kann der Verkäufer also durch ein den Kunden belohnendes Verhalten die Wahrscheinlichkeit für einen Kaufabschluß erhöhen. Die dem Käufer zuteil werdenden Belohnungen lassen ihn seinerseits dazu neigen, den Interaktionspartner (Verkäufer) zu belohnen.

Die generelle Empfehlung an den Verkäufer lautet somit, seinen Kunden über sprachliche und nichtsprachliche Kommunikationselemente Zustimmung, Lob, Anerkennung, Bewunderung zu senden.

Zu (2): Kognitive Theorien

Die **kognitive Theorie** geht davon aus, daß sich **Lernen im Erwerb von Verbindungen zwischen Reizen** vollzieht; es wird also kein An- und Ausschalten einer festgeprägten Verbindung von Reiz und Reaktion angenommen. Vielmehr besteht die Auffassung, daß sich die durch einen Reiz geprägte Situation bereits während des Ablaufs der sie beantwortenden Handlung ändere und mit jeder Situationsänderung neue Reize aufgenommen würden.[73] Aus der Verbindung der Reize formt sich ein Orientierungsplan; gelernt werden also kognitive Strukturen.

Es werden keine Reaktionsketten ausgebildet, sondern aus der Verbindung von Reizen entsteht eine Überschau über die Situation. Nach dieser Ansicht lernt das Individuum also keine Handlungen, sondern Sachverhalte im Sinne von Einsichten in die Ergebnisse von Handlungen. Die Konsequenz daraus ist die Annahme, daß sich die Lösung neuer Probleme nicht im Versuch-und-Irrtum-Verfahren – wie von der Reiz-Reaktions-Theorie angenommen –, sondern durch Einsicht vollzieht; d.h., durch Verständnis der wesentlichen Problembeziehungen.[74]

Hill spricht deshalb hier auch von verstandesmäßigem Lernen im Gegensatz zur Annahme von Lernen durch Repetition bei den Reiz-Reaktions-Theorien.[75]

Der Verkäufer hat demgemäß für den potentiellen Käufer eine Darbietungsform zu wählen, die diesem eine auf Einsicht hinauslaufende Strukturierung der Wahrnehmung erlaubt.

---

[72] Vgl. W. Kroeber-Riel, P. Weinberg, Konsumentenverhalten, 6. Aufl., München 1996, S. 330
[73] Vgl. O. W. Haselhoff, E. Jorswieck, Psychologie des Lernens, Berlin 1970, S. 105
[74] Vgl. E. R. Hilgard, G. H. Bower, Bd. I, a.a.O., S. 25
[75] Vgl. W. Hill, Theorien des Konsumentenverhaltens, in: Die Unternehmung, Jg. 1972, S. 69

Es geht also darum, beim Käufer Verständnis für die wesentlichen Problemstrukturen zu schaffen. Denn anderenfalls ist vom potentiellen Käufer nicht die Einsicht zu erwarten, die angebotene Problemlösung werde für ihn belohnend sein.

3. Verkaufsbezogene Schlüsse aus den Grundansätzen

Die dargelegten Grundansätze der Lerntheorie ließen sich bisher nicht zu **einer** Theorie verdichten. Es ist unter den Lerntheoretikern weiterhin strittig, welche der folgenden Möglichkeiten gilt:[76]

(1) Einzige Art des Lernens ist die auf „Versuch und Irrtum" beruhende, aus der man einsichtiges Lernen ableiten kann.
(2) Jeder Lernvorgang ist von Einsicht begleitet, „Versuch und Irrtum" stellt nur einen Sonderfall dar.
(3) Es sind mindestens zwei Formen des Lernens auseinanderzuhalten, repräsentiert durch „Versuch und Irrtum" und „Einsicht".

Von daher erweist es sich als zweckmäßig, aus den einzelnen lerntheoretischen Ansätzen jeweils die Elemente zu entnehmen, die für die Ableitung der Grundregeln optimalen Verkäuferverhaltens hilfreich erscheinen.

Sowohl die Reiz-Reaktions-Theorien (S-R-Theorien) als auch die kognitive Theorie vermitteln Anhaltspunkte für die optimale Gestaltung des Verkaufsvorganges durch den Verkäufer.

Unter den von den **S-R-Theorien** herausgestellten Prinzipien[77] sind insbesondere die folgenden für den Verkaufsvorgang brauchbar und wichtig:

(1) Der Lernende (Käufer) soll aktiv sein und nicht nur passiv zuhören oder zusehen. Die S-R-Theorie stellt die Bedeutung der Reaktionen des Lernenden heraus (**Lernen durch Handeln!**).
(2) Der **Verstärkung** kommt **im Lernvorgang** eine **wichtige Rolle** zu. Positive Verstärkungen (Belohnungen) sind wirksamer als negative Verstärkungen (Bestrafungen).
(3) Der **Lerneffekt ist von den Antriebsbedingungen abhängig;** im praktischen Bereich sind die motivationalen Bedingungen als wichtig anzusehen.

Unter den von den **kognitiven Theorien** herausgestellten Prinzipien[78] erscheinen für die Gestaltung des Verkaufsprozesses vor allem wesentlich:

(1) Wichtige Lernbedingungen sind in den Wahrnehmungsmerkmalen zu sehen, die das Problem für den Lernenden (Käufer) besitzt. Eine Lernaufgabe (zu verkaufender Leistungskomplex) ist daher so strukturiert darzu-

---

[76] Vgl. E. R. Hilgard, G. H. Bower, Bd. I, a.a.O., S. 294
[77] Vgl. E. R. Hilgard, G. H. Bower, Theorien des Lernens, Bd. II, 2. Aufl., Stuttgart 1973, S. 672
[78] Vgl. E. R. Hilgard, G. H. Bower, Bd. II, a.a.O., S. 672f.

bieten, daß dem Lernenden die wesentlichen Merkmale zugänglich sind (**Aha-Erlebnisse begünstigen**).
(2) Der Verkäufer sollte seine Demonstration so organisieren, daß er **von vereinfachten Ganzheiten zu komplizierten Ganzheiten** führt. Das Bemühen des Verkäufers sollte auf jeden Fall von Anbeginn darauf gerichtet sein, dem Käufer Zusammenhänge erscheinen zu lassen. Demnach ist es also nicht empfehlenswert, zunächst bedeutungsarme Teile isoliert darzulegen.
(3) Treffen die gebotenen Lerneinheiten beim Lernenden (Käufer) auf **Verständnis**, so **erleichtert** dies die **Übertragung und fördert** das **Behalten** beim Lernenden.

c) Dissonanztheorie

1. Grundaussagen

Grundlage der Dissonanztheorie ist die Erkenntnis, daß der Mensch innere Harmonie, Konsistenz und Übereinstimmung zwischen seinen Meinungen, seinen Einstellungen, seinem Wissen und seinen Wertvorstellungen zu bewahren sucht.[79] Der Mensch strebt nach **Spannungsfreiheit zwischen seinen Bewußtseinsinhalten**.

Spannungen (Dissonanzen) treten auf, wenn sich das Individuum mit zwei Informationen (Kognitionen)[80] über sein Verhalten auseinanderzusetzen hat, die in seinem Bewußtsein[81] miteinander unvereinbar sind. Derartige Spannungen, die in ihrer Stärke von der Zahl und der Bedeutung der beteiligten Kognitionen abhängen,[82] lösen psychisch unangenehme Empfindungen aus. Sie motivieren das Individuum zum Abbau der Dissonanz bis zur Wiedererlangung von Konsonanz,[83] wenn ihre Stärke über die jeweilige individuelle Toleranzschwelle geht.

Festinger interpretierend kommen Raffeé, Sauter und Silberer[84] bei den Möglichkeiten zur Dissonanzreduktion zu folgender Gliederung:

(1) Änderungen im **Umfang** der Kognitionen
    (a) durch Hinzufügung neuer kognitiver Elemente zur zahlenmäßigen

---

[79] Vgl. L. Festinger, A Theory of Cognitive Dissonance, Stanford 1962, S. 260
[80] Kognitionen oder kognitive Elemente sind subjektive Kenntnisse der Realität, also Kenntnisse eines Individuums über sich selbst und über seine Umwelt; Beispiele bilden: Kenntnisse seiner eigenen Meinungen, Gefühle, Einstellungen; Wissen um Ziele und Möglichkeiten zur Zielerreichung sowie um Überzeugungen anderer Personen. Vgl. K. H. Hörning, Ansätze einer Konsumsoziologie, Freiburg 1970, S. 77
[81] Maßgeblich für Unvereinbarkeit ist also nicht formale Logik, sondern „Psycho-Logik".
[82] Vgl. L. Festinger, a.a.O., S. 262
[83] Vgl. L. Festinger, a.a.O., S. 3
[84] Vgl. H. Raffeé, B. Sauter, G. Silberer, Theorie der kognitiven Dissonanz und Konsumgüter-Marketing, Wiesbaden 1973, S. 15

Erhöhung der konsonanten Elemente bzw. zur Verminderung des zahlenmäßigen Gewichtes der dissonanten Elemente;
(b) durch Ausschaltung solcher Kognitionen (Ignorieren, Vergessen, Verdrängen), die die Konsonanz stören;
(2) Änderungen des **Inhalts** der Kognitionen
(a) durch andere Ausdeutung gegebener kognitiver Elemente hinsichtlich ihrer Wichtigkeit (Erhöhung des Gewichtes konsonanter Kognitionen bzw. Verminderung des Gewichtes dissonanter Kognitionen);
(b) durch Veränderungen des eigenen Verhaltens oder der Umweltsituation.

Unterliegt ein Kunde im PKW-Kauf z.B. den dissonanten Kognitionen „Ich möchte ein Auto der Marke x y kaufen" und „Die Marke x y ist in einem Test als ‚sehr kaltstart-schwierig' bezeichnet worden", so kann der Verkäufer diese Dissonanz beim Käufer entsprechend der vorstehenden Gliederung abzubauen versuchen:

(1a) Durch Informationen über positive Testergebnisse für die Marke x y, um damit die konsonanten Elemente zu erhöhen und das dissonante Element zahlenmäßig zu erdrücken;
(1b) durch Verdrängung und Ausschaltung der die Konsonanz störenden Kognition (Anzweifeln des Testergebnisses: „Ergebnis ist unzutreffend; deckt sich nicht mit unseren Tests");
(2a) durch Bagatellisierung des negativen Testergebnisses („Die Tester sind von so extrem niedrigen Temperaturen ausgegangen, wie sie höchstens hin und wieder in Alaska oder Zentralsibirien zu erwarten sind") bzw. durch Höherbewertung der positiven Testergebnisse („Sehen Sie sich doch einmal die durch den Test bestätigten Traumwerte im Benzinverbrauch an, das herausgestellte Höchstmaß an Fahrkomfort...");
(2b) durch Zureden, eine Marke zu kaufen, die bei dem betreffenden Test hinsichtlich der Kaltstarteigenschaft entsprechend günstig abgeschnitten hat.

Während Festinger davon ausging, daß kognitive Dissonanzen lediglich **nach** Entscheidungen auftreten,[85] wurde inzwischen von verschiedenen Autoren belegt, „daß bereits bei den dem eigentlichen Entschluß vorgelagerten Entscheidungen kognitive Dissonanzen (als Ergebnis widersprechender Kognitionen) auftreten können."[86]

Dissonanzen **nach** Entscheidungen lassen sich aus entstehenden Selbstzweifeln und Informationen erklären, die den Entscheidungsträger später (von außen) erreichen.

Ein Entscheidungsfall entsteht, wenn Wahlmöglichkeit zwischen mindestens zwei Alternativen besteht (wobei mögliches Nichthandeln/Unterlassen eine

---

[85] Vgl. L. Festinger, a.a.O., S. 39
[86] H. Raffeé, B. Sauter, G. Silberer, a.a.O., S. 19

Alternative sein kann). Ist ein Entschluß gefallen, so wurde damit zwangsläufig gleichzeitig gegen mindestens eine Alternative entschieden. Im allgemeinen überdenkt der Entscheidungsträger seine Wahl nachträglich noch einmal; dabei können sich Neigungen zeigen, insbesondere die positiven Aspekte der nicht gewählten Alternative(n) gegen die negativen Aspekte der gewählten Alternative zu stellen; die mögliche Folge ist Dissonanz.

Informationen, die den Entscheidungsträger nach der Entscheidung (aus eigenen Erfahrungen, über Freunde, Bekannte, Kollegen, Massenmedien usw.) erreichen, begründen Dissonanzen, wenn sie negativ gegenüber den in der Entscheidung ‚verarbeiteten' Kognitionen abweichen.

Während des Entscheidungsprozesses auftretende Dissonanzen resultieren aus Abweichungen zwischen den Meinungen, den Einstellungen, dem Wissen usw. des Individuums zu Beginn des Entscheidungsprozesses und den während des Prozeßablaufs erhaltenen Informationen.[87]

Werden die vor der Entscheidung entstandenen Dissonanzen nicht vollständig abgebaut, so können sie über den Entschluß hinaus wirken und Selbstzweifel nach dem Entschluß verursachen.

Eine vollzogene Entscheidung wird sich um so weniger als dissonanzanfällig erweisen, je stärker der eigene Einsatz des Entscheidungsträgers gewesen ist.[88] Je stärker sich das Individuum also bei einer Entscheidung engagiert hat, desto nachhaltiger wird es zu dieser Entscheidung stehen.

2. Anhaltspunkte für das Verkäuferverhalten

Für die Optimierung des Verkäuferverhaltens lassen sich aus den vorgenannten Grundaussagen zunächst folgende generelle Anhaltspunkte ableiten:

(1) Der Verkäufer muß bemüht sein, während und nach der Kaufverhandlung Dissonanzen beim Käufer zu vermeiden (Prophylaxe).
(2) Der Verkäufer hat darauf zu achten, daß während der Kaufverhandlungen oder nach dem Kaufabschluß auftretende Dissonanzen (z.B. geäußert in Einwänden, Reklamationen, Umtauschwünschen usw.) in einer dem weiteren Fortgang der Geschäftsverhandlungen bzw. den weiteren Geschäftsbeziehungen zuträglichen Form abgebaut werden. ‚Zuträgliche' Form bedeutet dabei, daß Dissonanzreduktion seitens des Käufers durch Aggression gegen den Verkäufer und folgenden Abbruch der Geschäftsverhandlungen bzw. der Geschäftsbeziehungen auf jeden Fall zu vermeiden ist.

Wesentliche Ursache von Dissonanzen beim Käufer bilden Diskrepanzen zwischen seinen Erwartungen und seinen folgenden Erfahrungen.

---

[87] Vgl. H. Raffeé, B. Sauter, G. Silberer, a.a.O., S. 19
[88] Vgl. K. Eyferth, K. Kreppner, Entstehung, Konstanz und Wandel von Einstellungen, in: Handbuch der Psychologie, Bd. 7 (2), Göttingen 1972, S. 1357

Um derart begründete Dissonanzen möglichst gering zu halten, darf der Verkäufer beim Kunden keine unangemessenen Erwartungen wecken. Besonders kurzsichtig verhält sich der Verkäufer also, wenn er in seiner Argumentation zu Übertreibungen oder offenkundigen Unwahrheiten greift.

Lassen sich nach dem Kauf auftretende Dissonanzen nicht rechtzeitig auffangen, können sie eine negative Mund-zu-Mund-Werbung seitens des enttäuschten Käufers auslösen. Der unzufriedene Käufer wird eventuell zum erbitterten, unversöhnlichen Feind des Verkäufers und unternimmt sogar besondere Anstrengungen, um sich am Verkäufer zu rächen.[89] Er versucht z.B., sich selbst und anderen einzureden, er sei vom Verkäufer betrogen worden. Denn es ist psychisch offenbar leichter zu verkraften, betrogen zu erscheinen als für dumm gehalten zu werden. Damit sind dann nicht nur die Beziehungen des Verkäufers zu dem einen Käufer eventuell sogar irreparabel gestört, sondern auch die Kontakte zu den von der negativen Mund-zu-Mund-Werbung erfaßten weiteren Kunden erscheinen wesentlich erschwert.

Gelingt es dem Verkäufer, den Kunden durch entsprechende Prophylaxe nach dem Kauf dissonanzfrei zu halten oder auftretende Dissonanzen aufzufangen, so wird der Käufer weiteren Einkäufen über den betreffenden Verkäufer zuneigen. Hier berühren sich die aus der Dissonanztheorie und risikotheoretischen Ansätzen[90] ableitbaren Erkenntnisse für den Verkaufsvorgang. Denn das Bemühen des Individuums um Konsonanz läßt sich auch als Bemühen um Risikominderung interpretieren.

Jeder Kauf ist mit ungewissen Konsequenzen verbunden. Der Kauf kann sich insbesondere funktionell (Produkt vermag z.B. erwartete Funktionen nicht zu erfüllen oder nicht für die erwartete Dauer zu erfüllen), sozial (Produkt führt nicht zum erwarteten Geltungsnutzen) und/oder hinsichtlich des Preises (Produkt wird später günstiger oder – zunächst ohne Wissen des Käufers – von anderen Lieferanten zum Einkaufszeitpunkt günstiger angeboten) als Fehlkauf erweisen. Um das in derartigen Fehlkäufen liegende Risiko zu mindern, bevorzugen die Käufer Leistungen und Verkäufer, zu denen sie günstige Erfahrungen vorliegen haben, von denen also keine oder kaum Dissonanzen ausgegangen sind.

Gegen ein Auftreten von Dissonanzen nach dem Kaufentscheid kann der Verkäufer auf Grund von Erkenntnissen der Dissonanztheorie insbesondere auch durch Aktivierung des Kunden vorbeugen. Je mehr der Kunde sich die betreffende Leistung durch Eigenengagement, durch Ausprobieren, durch Eigenüberzeugung selbst verkauft, desto weniger braucht man relevante Nachkaufdissonanzen zu erwarten.

---

[89] Vgl. J. R. Stuteville, The Buyer as a Salesman, in: Journal of Marketing, Vol. 32 (1968/July), S. 16

[90] Siehe dazu insbesondere D. F. Cox (Hrsg.), Risk Taking and Information Handling in Consumer Behavior, Boston 1967

d) Feldtheorie

1. Grundaussagen

Den Ausgangspunkt der **Feldtheorie** bildet der Tatbestand, daß alles menschliche Verhalten in einem Feld, einem Lebensraum stattfindet. Nach dem feldtheoretischen Konzept Lewins ist das Verhalten V zur Zeit t eine Funktion der Situation S zur Zeit t[91]. Es gilt folglich:

$$V_t = F(S_t)$$

Da die Situation S dabei die Person P und die psychologische Umwelt U[92] einschließt, ergibt sich als allgemeine Verhaltensformel:

$$V = F(P, U)[93]$$

Das Verhalten eines bestimmten Kunden in einer Situationseinheit hängt damit von P-Kräften (z.b. dem Wissen und den Motiven des Kunden) und U-Kräften (z.b. von Interaktionspartnern empfangene Kommunikationselemente) ab.

Die Feldtheorie betont, daß sich menschliches Verhalten nicht isoliert aus einzelnen Faktoren erklären läßt; **allein die Gesamtheit der zugleich gegebenen Tatsachen könne die Verhaltenserklärung liefern**. Die zugleich gegebenen Tatsachen seien „insofern als ein ‚dynamisches Feld' aufzufassen, als der Zustand jedes Teiles dieses Feldes von jedem anderen Teil abhängt."[94]

Es sind also zunächst gegenseitige sachliche Abhängigkeiten zwischen den Umweltfaktoren zu sehen; die Einzelfaktoren stehen in einem zeitlich-horizontalen Zusammenhang. Die Verhaltenswirksamkeit eines bestimmten Faktors hängt ab vom Faktorsystem, in das er zu einem bestimmten Zeitpunkt eingefügt erscheint, und davon ab, wie er in dieses System eingefügt erscheint. Der gleiche Faktor kann das Verhalten des einzelnen Individuums also je nach dem gegebenen Kontext sehr unterschiedlich bestimmen.

Damit ist auch bereits angeklungen, daß die Verhaltensdeterminanten zudem im zeitlich-vertikalen Bezug stehen. Jede Hinzufügung, jeder Wegfall, jede Umstrukturierung eines Faktors wird Auswirkungen auf die anderen Faktoren zeigen und damit Verhaltensänderungen des Individuums begründen können.

---

[91] „Eine ‚Situation zu einer gegebenen Zeit' ist in Wirklichkeit nicht eine Situation ohne zeitliche Dauer, sondern stellt eine bestimmte Periode dar." K. Lewin, Feldtheorie in den Sozialwissenschaften, Bern u. a. 1963, S. 92
[92] ‚Psychologische' Umwelt ist dabei so zu interpretieren, daß lediglich die vom Individuum wahrgenommene und in eine psychische Dimension transformierte Umwelt verhaltensrelevant ist. Vgl. W. Kroeber-Riel, P. Weinberg, Konsumentenverhalten, a.a.O., S. 414
[93] Vgl. K. Lewin, a.a.O., S. 69 und 90
[94] K. Lewin, a.a.O., S. 69

2. Folgerungen für das Verkäuferverhalten

Im Bemühen, die grundsätzlichen Charakteristika der Feldtheorie herauszuarbeiten, stellt Lewin u.a. die psychologische Ausrichtung der Feldtheorie als besonders wichtig hin und formuliert in diesem Zusammenhang: „Nie wird ein Lehrer ein Kind mit Erfolg angemessen leiten können, wenn er nicht die psychologische Welt verstehen lernt, in der das individuelle Kind lebt. Eine Situation ‚objektiv‘ beschreiben heißt in der Psychologie in Wirklichkeit: die Situation als die Gesamtheit jener Fakten und ausschließlich jener Fakten beschreiben, die das Feld des betreffenden Individuums ausmachen. Diese Welt des Individuums durch die Welt des Lehrers, des Arztes oder sonst jemandes zu ersetzen, ist nicht objektiv, sondern falsch."[95]

Auf den Verkaufsvorgang übertragen ist daraus zu formulieren: **Die Welt des Kunden durch die Welt des Verkäufers zu ersetzen, ist falsch.** Will der **Verkäufer** langfristig zu Erfolgen kommen, **muß** er offenbar die **Welt des jeweiligen Kunden verstehen.** Der Verkäufer darf nicht erwarten, daß seine Welt auch die des Kunden ist.

Als weitere generelle Schlußfolgerung ist aus dem feldtheoretischen Ansatz eine Warnung vor Simplifizierungen und Schematisierungen und damit einfachen Allgemeinrezepten für die Käuferbehandlung abzuleiten. Lewin stellt selbst fest, daß die Feldtheorie wahrscheinlich gar nicht in der Weise wie Theorien im gewohnten Wortsinn als richtig oder falsch beurteilt werden kann. Sie sei besser als eine Methode zu definieren, nämlich als „eine Methode der Analyse von Kausalbeziehungen und der Synthese wissenschaftlicher Konstrukta."[96]

Auf eine Zusammenfügung von Konstrukten verschiedener Ansätze wird auch das Bemühen hinauslaufen, dem Verkäufer Anhaltspunkte für ein langfristig optimal wirksames Verhalten gegenüber dem Käufer abzuleiten.

Da die Umweltfaktoren des Verhaltensfeldes primär sozialer Natur sind,[97] erweisen sich im weiteren insbesondere Ansätze als ertragreich, die sich der Analyse sozialer Gruppen, der Stellung von Individuen in sozialen Gruppen und der Bedeutung sozialer Gruppen für Individuen widmen.

Einige konkretere Anhaltspunkte für optimales Verkäuferverhalten bietet das auf dem feldtheoretischen Konzept beruhende **psychologische Marktmodell Spiegels.**[98]

Die Annahme oder Ablehnung eines bestimmten Angebots durch eine bestimmte Person erklärt sich nach Spiegel aus dem **Aufforderungscharakter des Angebots,** den die betreffende Person erlebt.[99] Der Verkäufer hat folglich

---
[95] K. Lewin, a.a.O., S. 104
[96] K. Lewin, a.a.O., S. 88
[97] Vgl. H. H. Bausch, Der Einfluß der Experimentellen Reklamepsychologie auf die betriebswirtschaftliche Werbelehre, Diss. Mannheim 1965, S. 216
[98] B. Spiegel, Die Struktur der Meinungsverteilung im sozialen Feld, Bern u.a. 1961
[99] B. Spiegel, Meinungsverteilung, a.a.O., S. 66

sein Angebot so zu unterbreiten, daß es einen möglichst hohen Aufforderungscharakter annimmt.

Die **Größe des Aufforderungscharakters** ergibt sich aus:[100]

(1) der **Distanz** zwischen der psychischen Beschaffenheit des Kunden und der subjektiven Erlebnisqualität des Angebots für den Kunden (Image des Angebots);
(2) der **Aufforderungsgröße** des Angebots, die durch ihren psychischen Realitätsgrad bestimmt wird (Bedürfnisaktualität der angebotenen Grund- und Zusatzleistungen).

Zu (1): Distanz
Unterschiede in der psychischen Beschaffenheit der Individuen im Feld – und damit auch Unterschiede der Angebote – kommen in räumlichen Distanzen zum Ausdruck.

Ausgangspunkt für die Darstellung der räumlichen Distanzen sind im Modell polar gegenüberliegende begriffliche Merkmalspaare. Die Beziehungen der Personen, für die eine bestimmte Angebotskategorie (z.B. PKW) interessant sein kann, zu den realen Angeboten (z.B. bestimmte PKW-Marke in bestimmter Ausführung) lassen sich z.B. über Begriffspaare wie ‚konservativ – modern' oder ‚sportlich – unsportlich' ausdrücken. Es läßt sich dann über die einzelnen Merkmalspaare feststellen, welches Markenbild die Kunden von angebotenen Marken haben und wie sie ihre (fiktive) Idealmarke sehen.

Geht es um die Beziehung von zwei Kunden zu zwei Produktmarken und lautet das für wesentlich erachtete Merkmalspaar „konservativ – modern"[101], so mag sich beispielsweise folgendes Bild ergeben:

Für Kunde 1:

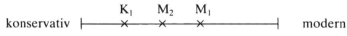

Für Kunde 2:

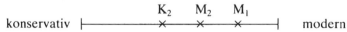

K_1 = Idealmarke des Kunden 1
K_2 = Idealmarke des Kunden 2
M_1 = Marke 1 (in der Sicht des Kunden)
M_2 = Marke 2 (in der Sicht des Kunden)

---

[100] Vgl. dazu auch H. H. Bausch, a.a.O., S. 219
[101] Es wird hier – um ein möglichst einfaches Modell zu haben – nur ein Merkmalspaar herangezogen. In der Regel wird zur Darstellung einer Konsument-Produkt-Beziehung ein Katalog von Merkmalspaaren notwendig sein; es wäre also ein Polaritätsprofil zu erstellen. Vgl. dazu A. Bänsch, Marketinglehre, a.a.O., S. 19

Dem Kunden 1 erscheint die Marke 1 moderner als die Marke 2, die Marke 2 liegt damit seiner Idealvorstellung von dieser Produktart näher als die Marke 1; die Distanz zur Marke 2 ist also geringer.[102] Für den Kunden 2 sind ähnliche Beziehungen gegeben; er liegt jedoch im Vergleich zum Kunden 1 mit allen seinen Vorstellungen näher am Pol ‚modern'. Er sieht also – bei Anordnung seiner Idealmarke im Mittelbereich – die realen Marken M_1 und M_2 im Vergleich zum Kunden 1 als moderner an.

Da bei beiden Kunden die tatsächliche Marke M_2 ihrer gewünschten Idealmarke näher kommt als die Marke M_1, steht zu vermuten, daß sie beide die Marke M_2 vorziehen. Es ist jedoch durchaus vorstellbar, daß von ihnen die Marke M_1 gewählt oder überhaupt keine Marke gekauft wird. Dies erklärt sich aus den sog. primären Aufforderungswerten und den Zusatzaufforderungswerten, die zusammen die Aufforderungsgröße bestimmen.

Zu (2): Aufforderungsgröße
Die Aufforderungsgröße eines bestimmten Angebots wird von seinem primären Aufforderungswert und eventuellen speziellen Zusatzaufforderungswerten gebildet. Der primäre Aufforderungswert[103] ist Ausdruck für die Höhe des Bedürfnisses nach der betreffenden Leistungsart. Spezielle mit einem bestimmten Grundleistungsangebot verbundene Zusatzaufforderungswerte[104] können beispielsweise im Angebot eines spezifischen Service oder besonderer Zugaben liegen.

Kunde K_1 zieht die Marke M_1 dann vor, wenn die Aufforderungsgröße von M_1 so groß ist, daß sie die gegenüber M_2 größere Distanz überkompensiert. Kommt es zu einer Überkompensation, dann ist der Aufforderungscharakter der Marke M_1 größer als der Aufforderungscharakter der Marke M_2. In der grafischen Darstellung läßt sich die Höhe primärer Aufforderungswerte und der Zusatzaufforderungswerte bei den einzelnen Angeboten durch entsprechende Höhenstäbe kennzeichnen. Die Verbindungslinie zwischen der Position des einzelnen Kunden im Feld und der im jeweiligen Höhenstab zum Ausdruck kommenden Aufforderungsgröße steht dann in einem bestimmten Winkel (α) zur Grundlinie. Die Größe dieses Winkels repräsentiert die Größe des wirksamen Aufforderungscharakters.[105]

Die folgende Skizze zeigt also beispielsweise für die Marke M_1 auf Grund höherer Zusatzaufforderungswerte einen höheren Aufforderungscharakter:

---

[102] Die Distanz läßt sich hier durch einfaches Ausmessen der Punktabstände ($K_1 - M_2$ und $K_1 - M_1$) feststellen.
[103] Vgl. B. Spiegel, Meinungsverteilung, a.a.O., S. 66
[104] Vgl. B. Spiegel, Meinungsverteilung, a.a.O., S. 66
[105] Vgl. B. Spiegel, Gradientenmodelle in der Sozialpsychologie, in: Kölner Zeitschrift für Soziologie und Sozialpsychologie, Jg. 14 (1962), S. 28

Erstes Kapitel: Grundlagen 33

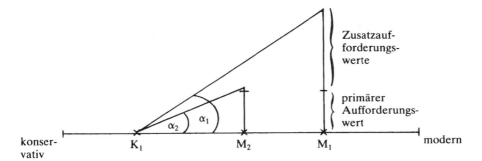

Mit Hilfe dieses einfachen Modells lassen sich eine Reihe von Ansatzpunkten nicht nur für die Werbung[106], sondern auch für den Persönlichen Verkauf aufzeigen. Der Verkäufer kann sich nämlich bemühen um

(1) die Verringerung der Distanz zwischen dem Kunden und der angebotenen Marke, und zwar durch
  (a) die Beeinflussung des Markenbildes im Sinne der Kundenerwartung und/oder
  (b) die Beeinflussung der Kundenerwartung im Sinne des gegebenen Markenbildes,
(2) die Erhöhung der Aufforderungsgröße der Marke, und zwar durch
  (a) Erhöhung des primären Aufforderungswertes und/oder
  (b) Erhöhung der Zusatzaufforderungswerte.

Bei Wahl des Ansatzpunktes (1a) wird der Verkäufer den Kunden in seiner Idealvorstellung zu der betreffenden Leistungskategorie bestärken und ihn also konkret für seine relativ konservative Einstellung zur Leistungskategorie PKW loben. Damit kann der Verkäufer Bemühungen verbinden, das Image bei der konkret zu verkaufenden Marke in Richtung auf die Idealvorstellung des Kunden zu verschieben, indem er für die betreffende Marke vorträgt, sie würde an die klassischen Linien und beste konservative Grundsätze anknüpfen. Ziel dieses Ansatzes ist, daß der Kunde den betreffenden PKW nicht mehr als so modern und damit als nicht mehr so weit von seiner Vorstellung entfernt sieht.

Der Ansatz (1b) erscheint insofern problematischer als der Verkäufer dem Käufer hier seine Idealvorstellung nicht belassen kann; der Verkäufer muß sich in diesem Fall vielmehr darum bemühen, den Kunden davon zu überzeugen, daß er (der Kunde) im Irrtum sei. Die Gefahr, daß es dabei zu psychischen Belastungen für den Kunden und damit für die Verkäufer-Käufer-Interaktion kommt, ist tendenziell größer als beim Ansatz (1a). Im konkreten Beispiel hat der Verkäufer seinem Kunden also zu bedeuten, daß die Vorstel-

---
[106] Vgl. A. Bänsch, Marketing-Lehre, a.a.O., S. 223

lungen des Kunden überholt seien, daß die neue modernere Form des PKW sich mit einer Reihe von Vorzügen verbinde u.ä.m.

Praktische Verkäuferarbeit läßt sich im weiteren auf die Erhöhung der Aufforderungsgröße eines bestimmten Angebots richten. Über die Darlegung von Nutzwerten, die dem Kunden über das betreffende Angebot zufließen, lassen sich Bedürfnisse stimulieren (Fall 2a). Durch besondere Serviceangebote (z.b. Erhöhung des Garantiezeitraumes auf 36 Monate und der Garantiekilometer auf 100000 km bei einer PKW-Marke) oder Zugaben (z.b. aufpreisfreie Sonderausstattungen beim PKW) ließen sich Zusatzaufforderungswerte für eine bestimmte Marke schaffen (Fall 2b).

II. Soziologisch orientierte Ansätze

Selbst wenn der Käufer als Individuum auftritt, darf er nicht als isolierte Person gesehen und behandelt werden. Denn der **Mensch** ist generell **ein Gemeinschaftswesen**. Seine Motive, Einstellungen und Erwartungen, seine Erkenntnisse und Überzeugungen, seine Lernprozesse sind – wie auch bereits vorhergehend, insbesondere bei Darlegung des feldtheoretischen Ansatzes erwähnt – von seinem engeren und weiteren sozialen Umfeld beeinflußt. Er steht unter dem Einfluß von Gruppen, in denen er als Mitglied eine bestimmte Rolle spielt (Familie, Freundeskreis, Betriebsgemeinschaft, Kirchengemeinde, politische Partei, Sportverein usw.), und von Gruppen, denen er zwar noch nicht angehört oder auch nie angehören kann, die für ihn jedoch Leitbilder darstellen (Mitglieder von Exklusivklubs, Jet-set-Figuren, Filmidole, Modeberufe).

Der Käufer trifft seine Entscheidungen also nur selten aus einer isolierten Position heraus. Er richtet sich an Gruppen aus, indem er Gruppennormen akzeptiert und sich damit in diese einzupassen bemüht, oder sie ablehnt und sich damit von ihnen abzuheben versucht. Ziel des Anpassungs- oder Ablehnungsverhaltens ist, vom sozialen Umfeld in der erstrebten sozialen Position gesehen und akzeptiert zu werden. Dabei ist der einzelne Mensch nicht nur als passives Produkt seiner sozialen Umwelt zu sehen.[107] Den Mitgliedern in einer bestimmten Gruppe werden sich durchaus Möglichkeiten bieten, Normen mitzuformen oder umzuformen. Personen, die innerhalb einer Gruppe besonders aktiv an der Meinungsbildung und an Normierungen mitwirken, pflegt man als Meinungsführer zu bezeichnen.

In der Folge geht es darum, Grundaussagen der Gruppenforschung, der Rollentheorie und des Meinungsführermodells darzulegen und sie auf Anhaltspunkte für ein langfristig optimales Verhalten des Verkäufers zu analysieren.

---

[107] Vgl. H. Anger, Entstehung und Wandel sozialer Einstellung, in: Struktur und Dynamik menschlichen Verhaltens, hrsg. v. O. W. Haseloff, Stuttgart 1970, S. 131

a) Gruppenforschung und Rollentheorie

1. Begriffe und Grundaussagen

Ohne auf die Vielfalt der in der Literatur gebotenen Ausdeutungen zum Gruppenbegriff einzugehen,[108] sei in der Folge mit dem Begriff ‚**Gruppe**' eine Mehrzahl von Individuen bezeichnet, deren Beziehungen untereinander als regelmäßig und zeitlich relativ überdauernd anzunehmen sind.

Zusätzliche Gruppenkennzeichen können das Bewußtsein der Zusammengehörigkeit („Wir-Gefühl") bei den Gruppenmitgliedern und das Vorhandensein gemeinsamer Werte und Ziele bilden.[109] Zur Sicherung des Gruppenbestandes und der Gruppenstruktur pflegen in der Gruppe bestimmte Verhaltensnormen zu gelten.

Normen sind in diesem Zusammenhang als Ideen zu verstehen, als Auffassungen der Gruppenmitglieder darüber, wie das Verhalten der einzelnen Gruppenmitglieder in den einzelnen Situationen sein sollte.[110] Einige der Normen weisen für alle gleiche Verbindlichkeit auf, andere in unterschiedlicher Ausprägung je nach der Position, die das einzelne Mitglied in der Gruppe innehat (was der Chef z.B. in der Betriebsgemeinschaft darf, wird dem Auszubildenden eventuell verwehrt).

Mit einer Position sind also bestimmte Rechte und Pflichten verbunden: „Der Inhaber einer bestimmten Position muß, sollte oder darf dieses tun bzw. jenes nicht tun".[111] Von jedem Positionsinhaber wird eine bestimmte Rolle erwartet.[112] Soziale Rollen stellen damit einen Komplex von Verhaltenserwartungen dar, sie sind Bündel von Verhaltensnormen.[113]

Ob und inwieweit es positionsadäquates **Rollenverhalten** gezeigt hat, vermag ein Individuum an Sanktionen, d.h. am Verhalten anderer zu erkennen. Unterscheiden lassen sich positive Sanktionen (Gratifikationen: Zustimmung, Lob, Belohnung) und negative Sanktionen (Deprivationen: Mißbilligung, Tadel, Strafe).

Relevanz erlangen können erlebte und vermutete Sanktionen, also auch Sanktionen, die lediglich erwartet werden.[114] Ein Positionsinhaber kann also

---

[108] Vgl. dazu L. Kruse, Gruppen und Gruppenzugehörigkeit, in: Handbuch der Psychologie, Bd. 7 (2), Göttingen 1972, S. 1541ff.; W. Bernsdorf, Gruppe, in: Wörterbuch der Soziologie, hrsg. v. W. Bernsdorf, Stuttgart 1969, S. 387

[109] Vgl. R. Klima, Gruppe, in: Lexikon zur Soziologie, hrsg. v. W. Fuchs u.a., Opladen 1973, S. 256f.

[110] Vgl. G. L. Homans, Theorie der sozialen Gruppe, 5. Aufl., Köln u.a. 1970, S. 137; T. M. Mills, Soziologie der Gruppe, München 1969, S. 109

[111] M. Sader, Rollentheorie, in: Handbuch der Psychologie, Bd. 7 (1), Göttingen 1969, S. 212

[112] „Das Gesamt der Erwartungen (einer Person oder Personenvielheit) bezüglich einer Position (oder Klasse von Positionen) nennen wir Rolle.", M. Sader, a.a.O., S. 212

[113] Vgl. U. Coburn-Staege, Der Rollenbegriff, Heidelberg 1973, S. 34

[114] Vgl. M. Sader, a.a.O., S. 219

einem bestimmten Verhalten zuneigen, weil er annimmt, jemand werde ihm dafür ein freundliches Lächeln schenken, umgekehrt kann er ein bestimmtes Verhalten wegen der Vermutung unterlassen, es werde jemand die Nase rümpfen.

Die Sanktionen auf ein bestimmtes Verhalten brauchen für den Positionsinhaber durchaus nicht einheitlich auszufallen. Es wird gar nicht einmal selten vorkommen, daß verschiedene Personen „beim gleichen Positionsinhaber recht unterschiedliche Rollenerwartungen durch kräftige Sanktionen als verbindlich hinstellen".[115] Es kann damit auch bei Zugehörigkeit zu nur einer Gruppe und damit innerhalb einer Position bereits zu Rollenkonflikten (**Intra-Rollenkonflikt**) kommen: Der Rollenträger ist einander widersprechenden Erwartungen ausgesetzt.

Da das einzelne Individuum in der Regel mehreren Gruppen angehört und damit eine Mehrzahl von Positionen (Positionssatz) innehat (Sohn und Schwiegersohn, Ehemann und Vater im Familienverband, Vorarbeiter in der Betriebsgemeinschaft, Schatzmeister in der politischen Partei, stellvertretender Vorsitzender im Sportverein usw.) kann eine bestimmte Handlung dann im weiteren zu Konflikten gegenüber anderen Gruppen führen (**Inter-Rollenkonflikte**).

In der Analyse mehrfacher Gruppenzugehörigkeit des Individuums und der dadurch entstehenden Konflikte ist der inhaltliche Schwerpunkt der Rollentheorie gegenüber der Gruppenforschung zu sehen. **Lösungsmöglichkeiten für Rollenkonflikte** lassen sich grundsätzlich eröffnen durch:
- Diskussion der Rollenerwartungen und Prüfung auf sachliche Berechtigung oder Notwendigkeit;
- Bildung von Rollenhierarchien; die Rollenanforderungen der einen Position werden vor die einer anderen Position gestellt.[116]

Ansetzend an der Art der interpersonalen Beziehungen zwischen den Gruppenmitgliedern ist die Unterscheidung von Primär- und Sekundärgruppen üblich.[117]

Die **Primärgruppen** sind durch geringe Größe, engen Kontakt und „Wir-Gefühle" als Ausdruck der psychischen Nähe der Mitglieder und ihrer engen emotionalen Bindungen gekennzeichnet. Bei der wichtigsten der Primärgruppen, der Familie, kommt als weiteres wichtiges Kennzeichen die zeitliche Priorität dieser Gruppe in der Entwicklung des Individuums hinzu. Die Familie und andere Primärgruppen wie Nachbarschaftsgruppen und Freundschaftsgruppen sind vor allem insofern primär, als sie für das soziale Wesen und die Ideale des Individuums fundamentale Bedeutung und im weiteren relativ hohe Stabilität aufweisen.[118] Auf Grund ihrer besonderen Möglichkeiten

---

[115] Vgl. M. Sader, a.a.O., S. 217
[116] Vgl. M. Sader, a.a.O., S. 223f.
[117] Vgl. L. Kruse, a.a.O., S. 1561f.
[118] Vgl. L. Kruse, a.a.O., S. 1561

Erstes Kapitel: Grundlagen

zur Gewährung von positiven Sanktionen und zur Ausübung negativer Sanktionen ist die Primärgruppe zu besonders genauen und wirksamen Kontrollen fähig, die bis zum Zwang gehen können.[119]

Die **Sekundärgruppe** ist Großgruppe; ihre Mitglieder stehen in relativ unpersönlichen Beziehungen zueinander. Nicht emotionale Bindungen, sondern rationale Organisation sowie bewußte Zweck- und Zielorientierung bilden die Klammer. Als typische Beispiele sind politische und wirtschaftliche Gruppierungen, aber auch Verwaltungseinheiten (Städtische Gemeinden, militärische Großeinheiten) anzusehen.

Nach der Art der Gruppenzugehörigkeit und der Beziehung zu anderen Gruppen lassen sich aus der Sicht des Individuums Mitgliedschafts- und Bezugsgruppen unterscheiden.[120]

Der **Mitgliedschaftsgruppe** gehört das Mitglied faktisch oder zumindest nominell als Mitglied an. Während das Individuum bei faktischer Mitgliedschaft in die Gruppe integriert ist und am Gruppenleben teilnimmt, liegt nominelle Mitgliedschaft bereits vor, wenn das Individuum in der Mitgliederliste der Gruppe geführt wird. Im Falle rein nomineller Mitgliedschaft kennt das Individuum die anderen Mitglieder eventuell nicht einmal; derartige Mitgliedschaften kommen häufig bei Sekundärgruppen wie Großunternehmen, Großgemeinden, Parteien und Kirchen vor.

Beeinflussung des Individuums durch eine Gruppe setzt weder nominelle noch faktische Mitgliedschaft des Individuums in der betreffenden Gruppe voraus. Identifikation mit und Beeinflussung durch eine Gruppe ist also ohne Mitgliedschaft in der betreffenden Gruppe möglich. Folglich werden als **Bezugsgruppen** (Referenzgruppen) alle Gruppen bezeichnet, mit denen sich das Individuum identifiziert und die sein Verhalten beeinflussen, ungeachtet, ob es ihr angehört oder nicht.[121]

Nicht alle Gruppen, zu denen ein Mitgliedschaftsverhältnis vorliegt, brauchen damit für das Individuum Bezugsgruppen zu sein (insbesondere einige Sekundärgruppen können als Bezugsgruppen ausfallen); es können aber sehr wohl Fremdgruppen (als Gegenbegriff zur Mitgliedschaftsgruppe) Bezugsgruppe werden (z.B. der sogenannte Jet-set). Das Individuum reagiert auf Gruppen also selektiv, indem es bestimmte als Bezugsgruppen wählt.

Die **Bezugsgruppen haben** für das Individuum **Vergleichsfunktion und normative Funktion**.[122] Bezugsgruppen werden damit einerseits als Vergleichsmaßstab für die Selbsteinschätzung und als Anhaltspunkt für eigene Zielvorgaben und Erwartungen herangezogen. Sie lassen das Individuum Erfolg und Mißerfolg erkennen, sind ihm Anreiz für Wiederholungsversuche oder Rechtfertigung für die Aufgabe bestimmter Bemühungen.

---

[119] Vgl. D. Claessens, Familie und Wertsystem, 2. Aufl., Berlin 1967, S. 116
[120] Vgl. L. Kruse, a.a.O., S. 1574
[121] Vgl. L. Mann, Sozialpsychologie, Weinheim u.a. 1972, S. 65
[122] Vgl. L. Mann, a.a.O., S. 65ff.

Zum anderen bildet die Referenzgruppe die Quelle für Wertvorstellungen und Meinungen (normative Funktion), da sie die Möglichkeit zu positiven und negativen Sanktionen hat und Nichtmitgliedern Einhaltung bestimmter Normen als Beitrittsvoraussetzung auferlegen kann. An einer Mitgliedschaft interessierte Nichtmitglieder können entsprechend eine sog. „antizipatorische Sozialisation" zeigen: Sie übernehmen Einstellungen, Normen und Werte der Bezugsgruppe und sozialisieren sich damit auf die erstrebte Gruppe hin, um ihre Chancen auf Mitgliedschaft zu erhöhen. Ein Angehöriger des middle management kopiert z.b. Lebensstil und Meinungen seiner Vorgesetzten, weil er meint, sich damit größere Chancen für einen Aufstieg ins top management zu eröffnen.

In der Mehrzahl der Fälle ist die Bezugsgruppe eine für das Individuum attraktive Gruppe, das Individuum will von der Bezugsgruppe anerkannt und akzeptiert werden (positive Bezugsgruppe). Es kommt jedoch auch vor, daß ein Individuum im Gesamtverhalten oder bestimmten Verhaltenselementen auf Gruppen Bezug nimmt, weil es die Normen dieser Gruppen bewußt ablehnt (negative Bezugsgruppen). Das Individuum akzeptiert dann bestimmte Ziele und Verhaltensweisen nicht, gerade weil es sich um Ziele und Verhaltensweisen seiner negativen Bezugsgruppe handelt.[123] In diesem Sinne kann sich auch die Familie für „rebellierende" Jugendliche zur negativen Bezugsgruppe wandeln, und zwar insgesamt oder in bezug auf einzelne Elemente (z.B. Kleidung, politische oder sexuelle Ansichten).

In den bisherigen Ausführungen blieb der Begriff „Bezugsgruppe" in bezug auf den Bestandteil Gruppe weitgehend in Übereinstimmung mit der eingangs gegebenen Kennzeichnung vom Gruppenbegriff. Ergänzend sei jedoch darauf hingewiesen, daß der Begriff „Bezugsgruppe" auch weitergehende Ausdeutungen erfährt. So werden in Bezugsgruppenansätzen auch Einzelpersonen, soziale Kategorien (z.B. alle Gesellschaftsmitglieder mit gleichem sozialem Status) oder auch imaginäre Gruppen (Traumberufe, Filmfiguren) zu Bezugspunkten.

2. Schlüsse für das Verkäuferverhalten

Ob und inwieweit der Verkäufer bei seiner Argumentation Bezugsgruppen zu berücksichtigen hat, hängt zunächst von der **„Auffälligkeit" der zu verkaufenden Leistung**, im weiteren von der **Attraktivität der Bezugsgruppen** für den potentiellen Käufer und dem **Informationsstand des Käufers** ab.

Wie Bezugsgruppen vom Verkäufer zu berücksichtigen sind, bestimmt sich nach der Orientierung des potentiellen Käufers; grundsätzlich zu unterscheiden sind **Orientierungen nach nebenan** und **Orientierungen nach oben**.

---

[123] Vgl. R. Klima, Negative Bezugsgruppe, in: Lexikon zur Soziologie, hrsg. v. W. Fuchs u.a., Opladen 1973, S. 101

Auffälligkeit der Leistung im hier gemeinten Sinne bedingt zunächst einmal, daß die gekaufte Leistung von anderen wahrgenommen und identifiziert werden kann; im weiteren setzt Auffälligkeit voraus, daß die betreffende Leistung tatsächlich bei anderen Beachtung findet.[124] Beispiele für auffällige Konsumgüter bilden der PKW und Bekleidungsartikel. Welche spezielle Automarke gefahren oder welche Art von Kleidung getragen wird, ist nicht nur durch andere registrierbar, es wird auch mit hoher Wahrscheinlichkeit registriert.

Die **Attraktivität der Bezugsgruppe** für den Kunden äußert sich im Grad der Identifikation mit der Bezugsgruppe; ein hoher Identifizierungsgrad läßt große Anstrengungen erwarten, innerhalb einer Mitgliedsgruppe zu bleiben oder in einer Fremdgruppe als Mitglied akzeptiert zu werden. Hat der Kunde keine oder nur geringe Kenntnisse über eine bestimmte Leistung und ihre Eigenschaften, befindet er sich also in einem Informationsvakuum, so ist – wie Experimente gezeigt haben – seine Neigung zur Orientierung an Bezugsgruppen besonders ausgeprägt.[125]

Als einkaufsrelevante Bezugsgruppen kommen beim Privatkäufer zunächst insbesondere die Familie, Freundes- und Nachbarschaftsgruppen sowie Kollegen in Betracht. In abstrakterem Sinne können generell das andere Geschlecht, die höheren Altersgruppen oder die besseren Kreise den Rang von Bezugsgruppen einnehmen.[126]

Der Konsument, der nach Anerkennung bei seinen Freunden, Nachbarn und Kollegen strebt, bemüht sich darum, „die konsumtiven Anspruchshaltungen und Wertauffassungen seiner Freunde und Bekannten weder durch geltungssüchtigen und Neid erregenden Konsum noch durch bewußte Konsumaskese in Frage zu stellen."[127] Er wird Einpassungsverhalten zeigen und damit die Standards der Bezugsgruppen weder überziehen noch hinter ihnen zurückbleiben. Im Falle einer Orientierung nach oben wird die Zeichenqualität bestimmter Produkte, Leistungen oder Produktmarken (PKW/Daimler-Benz, Kleidung/Pariser Modelle, aber auch beispielsweise Einrichtungsgegenstände/Designermöbel, Freizeitleistungen/Golfspielen) dazu eingesetzt, um sich in höhere Schichten/Kreise einzureihen. Die betreffenden Produkte können dann dazu dienen, den geschafften Sprung nach oben anzuzeigen, oder einen noch nicht geschafften Sprung vorzubereiten oder vorzutäuschen. Da insbesondere im letztgenannten Fall das für den Sprung nach oben nötige Einkommen noch fehlt, kann es wie im Fall des gegenüber der erreichten Stufe zurückgehenden Einkommens bei Einkäufen zu Verzerrungseffekten kommen. Es wird dann im externen (auffälligen) Bereich ein hohes Aufwandsni-

---

[124] Vgl. F. S. Bourne, Der Einfluß von Bezugsgruppen beim Marketing, in: Marketingtheorie, hrsg. v. W. Kroeber-Riel, Köln 1972, S. 148
[125] Vgl. F. S. Bourne, a.a.O., S. 147
[126] Vgl. G. Wiswede, Soziologie des Verbraucherverhaltens, Stuttgart 1972, S. 193
[127] K. H. Hillmann, Soziale Bestimmungsgründe des Konsumentenverhaltens, Stuttgart 1971, S. 91

veau hingenommen mit der Folge entsprechend knapper oder gar fehlender Mittel im internen Bereich. Nach außen lebt man über die Verhältnisse und nach innen, wo die Bezugsgruppe es nicht registriert, schränkt man sich extrem stark ein.

Der Verkäufer könnte bei derartigen Orientierungen an Bezugsgruppen mit Ausführungen zu den gebrauchstechnischen Eigenschaften der zu verkaufenden Leistung, zu ihrer Preisgünstigkeit oder allgemein zu ihren Vorzügen gegenüber konkurrierenden Produkten kaum etwas ausrichten. Er hat dem Kunden vielmehr zu verdeutlichen, wie die Bezugsgruppen ihn im Falle des Erwerbs der betreffenden Leistung sehen. Er sollte dem Kunden Personen als Konsumenten der Leistung nennen können, die dem jeweiligen Kunden attraktiv erscheinen; er sollte positive Urteile dieser Personen vorlegen und wirken lassen.

Der Verkäufer hat sich damit auch Bezugsgruppen zu widmen, da die Bezugsgruppen hier für ihn ausschlaggebendes Glied in seiner Argumentation sein können. Besondere Chancen können sich dem Verkäufer gegenüber Kunden eröffnen, die sich an Gruppen orientieren, in denen der Verkäufer Mitglied ist. In diesen Fällen erscheint der Verkäufer eventuell nicht mehr als Verkäufer, sondern als Glied der Bezugsgruppe.

Untersuchungen von Bourne[128] haben belegt, „daß das Kriterium der ‚sozialen Beliebtheit des Konsumgutes' das Kriterium der ‚positiven Eigenschaften eines Produktes' derart zu überschatten vermag, daß sich bei den Benutzern bestimmter Güter mehr Personen fanden, die das Konsumgut trotz niedriger Einschätzung seiner Eigenschaften lediglich wegen seiner sozialen Beliebtheit (bei Freunden und Bekannten) verwendeten, als es umgekehrt bei fehlender Beliebtheit und angenommener positiver Beurteilung seiner Eigenschaften der Fall war."[129] Die Käufer riskieren in derartigen Fällen also eher Objektbestrafungen (eingeschränkte oder nicht gegebene Verwendungsfähigkeit des Produktes) als Sozialbestrafungen (Tadel, Mißbilligung durch Referenzgruppen mit eventuell folgendem Ausschluß aus der Referenzgruppe).

Im weiteren wurde darauf hingewiesen, daß eine starke Neigung zu einem an Referenzgruppen angelehnten Konsumverhalten **bei geringem Grad an Informiertheit des Kunden** anzunehmen ist. Dem Kunden sind neue Produkte also ebenfalls eher unter Bezugnahme auf Referenzgruppen als über eine reine Objektargumentation zu verkaufen. Hat die Bezugsgruppe oder haben Personen aus der Bezugsgruppe das Produkt akzeptiert und damit einem bestimmten Verhalten ihre Zustimmung gegeben, so empfindet der Kaufinteressent dieses als Absicherung. Befindet sich der einzelne Käufer in ‚guter Gesellschaft' (d.h. in Gesellschaft von Mitgliedern der Bezugsgruppe), so erwartet er weniger Anlaß zum nachträglichen Bedauern des Kaufentscheides (Dissonanz) als bei fehlender Bestätigung durch die Bezugsgruppe. Wie bereits

---

[128] Vgl. F. S. Bourne, a.a.O., S. 153ff
[129] G. Wiswede, Soziologie, a.a.O., S. 191

zur Dissonanztheorie festgestellt, sucht das Individuum Dissonanzen grundsätzlich zu vermeiden und bevorzugt folglich die von der Referenzgruppe angenommenen Leistungen.

Je nach der Position, die das Individuum in einer Gruppe innehat, fällt ihm eine bestimmte Rolle zu. An jede Rolle knüpfen sich bestimmte Verhaltenserwartungen. Um zu Belohnungen zu kommen oder zumindest Bestrafungen zu entgehen oder diese gering zu halten, ist das Individuum grundsätzlich bemüht, den Rollenerwartungen zu entsprechen. Da sich die Erwartungen auch auf das Einkaufsverhalten beziehen, wird die einzelne Person in der Rolle des Einkäufers zumindest einen Teil der sonst gespielten Rollen berücksichtigen (z.B. Rolle als Ehemann, Rolle als Vater, Rolle als Nachbar, Rolle als Parteivorsitzender, Rolle als Abteilungsleiter). Das Streben nach Anerkennung und Geltung, nach Ansehen und Sozialprestige, nach Macht und nach Sympathie erfordert Berücksichtigung der an eine bestimmte Rolle gestellten Erwartungen beim Einkauf. Ignoriert der Rollenträger die an seine Rolle gestellten Erwartungen, ‚fällt er damit aus der Rolle', so setzt er sich negativen Sanktionen aus: „dem Klatsch, dem Sich-lächerlich-Machen, dem Spott, Antipathien, der Schrumpfung seiner mitmenschlichen Kontakte, der Verachtung, dem sozialen Ausschluß und – wenn auch höchst selten – einer gerichtlichen Bestrafung."[130]

Der Verkäufer sollte folglich nicht nur wissen, daß der Kunde bei seiner Kaufentscheidung Rollenrücksichten zu nehmen hat, er sollte vielmehr möglichst vollkommene Kenntnisse von den Rollen seiner Kunden und den daran geknüpften Erwartungen haben, um den Kunden rollenkonforme Leistungen andienen zu können. Bestimmte Güter und Dienstleistungen oder zumindest bestimmte Ausprägungen dieser Güter und Dienstleistungen gehören zu bestimmten Rollen. Sie sind wesentliche Mittel zur Darstellung von Rollen. Eine Frau in der Rolle der Chefsekretärin sieht sich z.B. zu bestimmten Mindeststandards in der Kleidung, in der Körperpflege, in der Haarpflege, in der Wohngegend, im PKW, in der Urlaubsgestaltung usw. veranlaßt.

Der Verkäufer hat auch Rollenkonflikte mit dem Kunden zu besprechen, um mit ihm und für ihn herauszufinden, welcher Rolle Vorrang einzuräumen ist. Das folgende Beispiel spiegelt einen derartigen Fall: Fühlt ein PKW-Interessent sich einerseits im Kreis seiner alten Schulfreunde in der Rolle des sportlichen, dynamischen Draufgängers anerkannt, befindet er sich jedoch andererseits in der Rolle des Ehemannes und Vaters (von einjährigen Zwillingen), so dürfte die letztgenannte Rolle wohl generell dominant sein oder werden. Folglich hat der Verkäufer in diesem Fall eher zu einem Autotyp zu raten, der einen der Vaterrolle angemessenen Innen- und Kofferraum bietet, als etwa zu einem zweisitzigen Sportwagen. Der Kauf des Sportwagens wird den betreffenden Kunden nämlich mit hoher Wahrscheinlichkeit negativen Sanktionen durch die Familie und durch die Nachbarn aussetzen. Die für die Position in

---

[130] K. H. Hillmann, a.a.O., S. 86

der Freundesgruppe zu erwartenden Konsequenzen sind demgegenüber als nachrangig zu werten.

Unter Langfristaspekten darf der Verkäufer dem Kunden Hoffnungen auf Belohnungen aus einem bestimmten Kaufverhalten nur vermitteln, wenn die Hoffnungen auf Grund der gegebenen oder erreichbaren Rolle(n) des Käufers auch berechtigt erscheinen. Hofft der Kunde nämlich auf Grund des Zuspruchs durch den Verkäufer auf Belohnungen für sein Kaufverhalten und damit auf die Bestätigung, er habe die an die vorhandene(n) oder gewünschte(n) Rolle(n) geknüpften Erwartungen erfüllt, erfährt er dann jedoch Bestrafungen in Form von Ablehnung, Mißbilligung oder Spott, erscheinen sogar aggressive Reaktionen gegen den ‚schuldigen' Verkäufer naheliegend.

Den aus der Gruppenforschung und der Rollentheorie ableitbaren Anforderungen an den Verkäufer kann dieser nur bei entsprechenden Informationen über den jeweiligen Kunden genügen. Auch hier erweist sich also die Wichtigkeit von Recherchen durch den Verkäufer vor der persönlichen Kontaktaufnahme zum Käufer bzw. die Wichtigkeit einer Kundenkartei, um die gewonnenen Daten über Bezugsgruppen des betreffenden Kunden sowie seine gegebenen und gewünschten Rollen festzuhalten.

b) Meinungsführermodell

1. Grundaussagen

Unter den Mitgliedern einer Gruppe pflegen einige im Meinungsbildungs- und -verarbeitungsprozeß und damit bei der (Neu-)Fixierung von Normen für die Gruppe in der Bedeutung herauszuragen; eventuell ist sogar eine einzige Person in dieser Hinsicht dominant. Derartige **Personen stehen im Rang von Meinungsführern**, sie **haben Schlüsselpositionen in der Gruppe** inne und können damit den entscheidenden Orientierungspunkt für das nach Vergleichen und Verhaltensnormen suchende Individuum bilden. Von daher ist offensichtlich, daß Meinungsführermodelle in Verbindung zu Bezugsgruppenansätzen stehen. Der Gedanke der Meinungsführerschaft sei hier jedoch gesondert aufgegriffen, um einige für den Verkaufsprozeß wichtig erscheinende Aspekte zu verdeutlichen.

Gegenüber uninformierten Personen können **Meinungsführer** in einer **Informationsübermittlungsfunktion** (Relaisfunktion), gegenüber grundsätzlich informierten Personen in einer **Verstärkungsfunktion** wirken.[131]

Bestimmte Personen sind gar nicht oder nur schwer direkt durch unpersönliche Kommunikation (Medienwerbung) oder fremde Personen (Verkäufer) ansprechbar. Sie zeigen sich auf Grund starker Skepsis gegenüber allem Neuen und Fremden und damit geringer Risikofreudigkeit oder auf Grund geistiger Bequemlichkeit kommunikationsgehemmt.

---

[131] Vgl. K. H. Hörning, a.a.O., S. 173

Entweder sie setzen sich neuen Informationen grundsätzlich nicht aus oder sie setzen aufgenommene neue Informationen nicht selbsttätig in entsprechende Aktivitäten um. Derartige Personen zeigen generell erst Aufmerksamkeit, wenn ihnen Informationen von Meinungsführern ihrer Gruppe(n) zugetragen werden, und/oder werden erst tätig, wenn diese Personen, deren Meinung sie vertrauen, ihnen die entsprechenden Aktivitäten vorpraktizieren.

Ein derartiges Nachvollziehen der von einem Vorbild (einem ‚Modell') gezeigten Verhaltensweisen bezeichnet man auch als soziales Lernen (Modell-Lernen, Beobachtungslernen oder Imitationslernen).

Als **Kennzeichen des Meinungsführers** gelten vor allem:[132]

- hoher Grad an sozialer Integration, der sich in intensiver Teilnahme an den sozialen Interaktionen ihrer Gruppe und starker Tendenz zu Außenkontakten äußert;
- hoher Kurswert für ihre Meinung innerhalb der Gruppe auf Grund ihrer Schlüsselposition in den interpersonellen Kommunikationsbeziehungen und ihrer Fähigkeit, von außen aufgenommene Informationen mit den gruppenspezifischen Wertungen und Kommentaren zu versehen.

Der Statusstellung kommt offenbar keine Bedeutung zu, da Untersuchungen auf jeder Statusebene Meinungsführer zu etwa gleichen Teilen gezeigt haben. Die Stellungen im sozialen Status sind jedoch bestimmend für den Beeinflussungsverlauf; typisch ist gleiche Rangstufe von Meinungsführern und Beeinflußten (horizontale Meinungsführung).[133]

Zum Rahmen der Meinungsführung wird darauf hingewiesen, daß Meinungsführer für ein bestimmtes Produkt die Meinungsführerschaft auch für andere Produkte zumindest insoweit zuerkannt erhalten, wie die einzelnen Produkte in einem Interessenverbund stehen (z.B. modischer Interessenverbund zwischen Kosmetika, Bekleidung und Bekleidungsaccessoires).[134]

2. Konsequenzen für das Verkäuferverhalten

Gegenüber den zuvor näher gekennzeichneten kommunikationsgehemmten und/oder unter besonderer Risikofurcht stehenden Kunden vermag der Verkäufer über eine direkte Ansprache wenig auszurichten. Der Verkäufer bedarf hier eines Kommunikationsmittlers, die einstufige Kommunikation wird zumindest zur zweistufigen. Der Meinungsführer wird zur Übermittlung von Informationen, eventuell auch zur Übersetzung von Informationen in eine den Gruppengliedern eingängige Form, und im weiteren als Verwendervorbild benötigt.

---

[132] Vgl. K. P. Kaas, Diffusion und Marketing, Stuttgart 1973, S. 44
[133] Vgl. E. Katz, P. F. Lazarsfeld, Meinungsführer beim Einkauf, in: Marketingtheorie, hrsg. v. W. Kroeber-Riel, Köln 1972, S. 118
[134] Vgl. G. Wiswede, Meinungsführung und Konsumverhalten, in: Jahrbuch der Absatz- und Verbrauchsforschung, Jg. 24 (1978), S. 125

Vermag der Verkäufer die Meinungsführer in der Zielgruppe zu erkennen, so hat er sich auf diese zu konzentrieren. Kann er sie überzeugen und als Verwender gewinnen, so können sich Verkäufe an weitere Gruppenmitglieder ohne besonderes weiteres Bemühen des Verkäufers anschließen, die andernfalls auch bei großem Einsatz von seiten des Verkäufers unwahrscheinlich oder gar unmöglich geblieben wären.

Da Meinungsführer sich – wie vorhergehend angeführt – durch einen herausragenden Grad an sozialer Integration auszeichnen, sind sie für den Verkäufer in einigen Fällen nicht schwer festzustellen.[135] Der Verkäufer landwirtschaftlicher Bedarfsartikel wird z.b. auf keine besonders großen Schwierigkeiten bei der Feststellung der Meinungsführer stoßen. Ihr hoher Grad an sozialer Integration zeigt sich u.a. darin, daß sie die wesentlichen Ehrenposten im Dorfverband bekleiden (angefangen beim Gemeindeparlament über den Sport- und Gesangverein bis hin zur Freiwilligen Feuerwehr). Es käme dann darauf an, die Meinungsführer für das Angebot einzunehmen, notfalls unter Gewährung sehr vorteilhafter Konditionen.

Robertson[136] berichtet in diesem Zusammenhang von einer Verkaufsstrategie für Schwimmbecken. Man wählte aus jedem Nachbarschaftsverband eine Familie aus und überließ ihr ein Schwimmbad zu Selbstkosten, und damit beträchtlich unter dem Marktpreis. Daran wurde jedoch die Bedingung geknüpft, der ausgewählte Besitzer solle seine Erfahrungen an die Nachbarn weitergeben und diesen die Möglichkeit zum Ausprobieren des Schwimmbeckens geben.

E. Phasen des Verkaufsvorganges

Der Verkaufsvorgang ist in eine Reihe von Einzelphasen zerlegbar. Je nach dem Grad der Differenzierung gelangt man zu knappen oder recht langen Formeln, an denen sich die zeitliche Aufeinanderfolge der verkaufspsychologischen und -technischen Bemühungen demonstrieren läßt. Bekannte Beispiele für derartige Formelvorschläge bilden
- die AIDA-Formel (**A**ufmerksamkeit erreichen, **I**nteresse aufbauen, **D**rang zum Kauf wecken, **A**bschluß durchführen);
- die BEDAZA-Formel (**Be**grüßungs-, **E**röffnungs-, **D**emonstrations-, **A**bschluß-, **Z**usatzverkaufs- und **A**bschiedstechnik);[137]

---

[135] Vgl. zu methodischen Ansätzen zur Feststellung von Meinungsführern, A. Bänsch, Käuferverhalten, a.a.O., S. 107ff.
[136] T. S. Robertson, Innovative Behavior and Communication, New York u. a. 1971, S. 212
[137] Vgl. H. Kirchhoff, Leichter, schneller, mehr verkaufen, Düsseldorf u.a. 1968, S. 291ff.

- die DIBABA-Formel (**D**efinition der Kundenwünsche, **I**dentifizierung des Angebots mit den Kundenwünschen, **B**eweisführung für den Kunden, **A**nnahme der Beweisführung durch den Kunden, **B**egehren des Kunden auslösen, **A**bschluß durchführen);[138]
- die VERKAUFSPLAN-Formel (**V**orplanung des Arbeitseinsatzes, **E**rfassung der Grunddaten, **R**eferenz-Inventur, **K**ontaktaufnahme, **A**ppell an die Motivation, **U**ntersuchung der Bedarfslage, **F**assung der Bedarfslage, **S**pezifizierung des Angebots, **P**rüfung der Argumente, **L**iquidierung von Einwänden, **A**bschlußvorschlag, **N**achfaßarbeit).[139]

Als grundsätzliche Gemeinsamkeit der Ansätze ist zu erkennen, daß offenbar mindestens drei Grundphasen im Verkaufsvorgang zu durchlaufen sind, und zwar:

- Anbahnung des Geschäftes (Kontaktphase)
- Geschäftsverhandlungen (Aufbau- und Hinstimmungsphase)
- Geschäftsabschluß mit Anbahnung weiterer Geschäfte (Abschluß- und Weiterführungsphase).

Diese Phasenfolge dient als Grundgliederung für die folgenden Ausführungen.

---

[138] Vgl. H. M. Goldmann, Wie man Kunden gewinnt, 7. Aufl., Essen 1975, S. 258ff.
[139] Vgl. J. L. Wage, Psychologie und Technik des Verkaufsgesprächs, 11. Aufl., München 1991, S. 16ff.

Zweites Kapitel:
Zwei-Personen-Beziehungen (ein Verkäufer und ein Käufer)

A. Geschäftsanbahnung (Kontaktphase)

I. Grundsituationen der Kontaktaufnahme

Bei der Kontaktaufnahme zwischen Verkäufer und Kunde sind drei Grundsituationen zu unterscheiden:
(1) Der Kunde kommt zum Verkäufer;
(2) der Verkäufer wird vom Kunden angefordert und sucht diesen auf;
(3) der Verkäufer betreibt die Kontaktaufnahme von sich aus.

In den Fällen (1) und (2) geht die Initiative für die Kontaktaufnahme vom Kunden aus, der Kunde kommt dem Verkäufer damit entgegen. Der Verkäufer hat eine relativ unproblematische Startposition, da der Kunde durch seine Initiative zu erkennen gibt, daß er offenbar etwas vom Verkäufer ‚will'.

Der Verkäufer befindet sich damit in der Rolle des Gebetenen und des Gebenden, er wird vom Kunden nicht als Bittender, Wollender, Nehmender (zumindest Zeit-Nehmender) oder Herausforderer (vor dem man sich in acht zu nehmen hat) gesehen. Im Fall (1), wo der Kunde zum Verkäufer kommt, kann der Verkäufer zudem als Gastgeber auftreten. Der Verkäufer befindet sich in seinem eigenen, selbst gestaltbaren Umfeld.

Der Fall (3) hebt sich von den beiden vorausgenannten Fällen dadurch deutlich ab, daß die Startinitiative hier vom Verkäufer ausgeht. Im Falle (1) und (2) trifft der Verkäufer auf einen grundsätzlich interaktionswilligen und gesprächsbereiten Partner. Im Fall (3) ist es Aufgabe des Verkäufers, zunächst überhaupt erst einmal Interaktions- und Gesprächsneigung beim Kunden zu erreichen.

Der Verkäufer hat hier die kritische Anmeldephase zu meistern; es muß ihm gelingen, an den Kunden heranzukommen, sein Interesse zu wecken und ihn damit für ein Gespräch zu gewinnen.

II. Vorrecherchen und Anmeldung

Die Bemühungen, mit Kunden ins Gespräch zu kommen, werden einige **Vorrecherchen** über den betreffenden Kunden bedingen. Bekannt sein sollten dem Verkäufer zumindest Name, Position und Titel des Kunden; im weiteren sollte der Verkäufer Vorstellungen über mögliche Kaufmotive des jeweiligen Kunden erlangt haben und über nutzbare Referenzgruppen und Referenzpersonen informiert sein.

Da der Verkäufer als unangemeldeter Besucher beträchtliche Gefahr läuft, entweder bereits durch vorhandene Abschirmbarrieren (Pförtner, Sekretärin) abgefangen zu werden oder den gewollten Gesprächspartner in einer wenig gesprächsgeneigten Situation anzutreffen, sind die vorherige **Anmeldung** und Terminvereinbarung zu empfehlen. Grundsätzlich wäre dabei die telefonische Anmeldung der schriftlichen vorzuziehen, weil hier unmittelbar eine Interaktion über Rede und Gegenrede und Nutzung des Kommunikationselementes Stimme (u.a. Stimmqualität, Stimmvariationen, Sprechrhythmus) möglich wird.

Zu beachten ist jedoch, daß in Deutschland aufgrund der gegebenen Rechtslage die sog. aktive Telefonwerbung unzulässig ist, und zwar im privaten wie im geschäftlichen Bereich, da sie als anreißerisch bzw. als Verstoß gegen die guten Sitten des lauteren Wettbewerbs interpretiert wird.[1] Zulässig ist die telefonische Ansprache nur auf ausdrückliche Anfragen von Kunden oder bei bereits bestehender laufender Geschäftsverbindung. Speziell im gewerblichen Sektor muß für die Zulässigkeit „ein konkretes Interesse an den Werbeobjekten unterstellt werden können. Ein allgemeiner Sachbezug zum Geschäftsbetrieb des Umworbenen reicht nicht aus."[2]

Aufgrund dieser Situation erscheint folgender Ablauf zweckmäßig: Dem (anzuwerbenden) Kunden wird ein Werbeschreiben übersandt, das einen leicht abtrennbaren oder einen von vornherein separaten Coupon enthält, auf dem der Kunde sein Interesse an näheren Informationen und einem Gesprächstermin bekunden kann.

Inhaltlich ist ein derartiges Werbeschreiben so zu gestalten, daß der Kunde möglichst unmittelbar einen Sinn darin sieht, sich überhaupt mit dem Werbeschreiben zu befassen. Hier erweist sich die Wichtigkeit der Vorrecherchen zu möglichen Kaufmotiven des Kunden und zu nutzbaren Referenzgruppen/Referenzpersonen.

Der Kunde wird aufmerken, wenn für ihn attraktive Personen/Gruppen angesprochen sind, weil ihm dies Bedeutung in sozialer Hinsicht signalisiert, oder – wenn von ihm für kompetent gehaltene Persönlichkeiten im Zusammenhang mit bestimmten Leistungen erscheinen – weil er dies als glaubwürdig-sachliche Empfehlung empfindet.

Werden für den Kunden wesentliche Motive angesprochen, so ist ihm die Wichtigkeit für seine Person, seinen Bereich, seine Aufgabe, seine Rolle und Position, seine Familie oder sein Unternehmen erkennbar, und er sieht sich veranlaßt, den Dingen nachzugehen.

---

[1] Vgl. C.-D. Brose, Der Gesetzesrahmen und die Rechtsprechung im Bereich der Werbung, in: Die Werbung, Bd. 1, hrsg. v. B. Tietz, München 1981, S. 203 und D. Ahlert, H. Schröder, Rechtliche Grundlagen des Marketing, 2. Aufl., Stuttgart 1996, S. 338
[2] D. Ahlert, H. Schröder, a.a.O., S. 339

Wie auch bereits im Werbeschreiben sollte der Verkäufer im späteren telefonischen Kontaktgespräch grundsätzlich nicht als jemand erscheinen, der etwas (verkaufen) will, sondern als jemand, der etwas zu geben hat, d.h. als Helfer, Berater, Problemlöser.

Um dem Kunden die Gewährung eines Besuchstermins zu erleichtern, kann der Verkäufer darauf hinweisen, daß man zum Vorführen und Durchsprechen nicht mehr als 7-8 Minuten brauche. Eine derartige Angabe klingt präzise (und wohl auch glaubwürdiger als die konventionellen 5 Minuten, an die kaum noch jemand glaubt). Sie gibt dem Kunden den Eindruck, daß der Anrufer genaue zeitliche Vorstellungen hat und daß der Besuch tatsächlich kurz ausfallen wird.

Um nicht mit ‚Man könne sich ja dann bei Gelegenheit einmal unterhalten' ins Ungewisse abgeschoben zu werden, hat der Verkäufer unmittelbar **Terminvorschläge** zu **unterbreiten**, etwa: „Würde es Ihnen morgen um 15.00 Uhr passen oder ist übermorgen vormittag für Sie günstiger?"

Es erscheint dabei zweckmäßig, unmittelbar Zeitalternativen anzubieten und dabei einen bestimmten Zeitpunkt und eine bestimmte Zeitspanne vorzuschlagen, so daß der Kunde auch einen größeren Zeitraum zur Wahl bekommt.

Hat z.B. ein Verkäufer von Nachrichtenübermittlungs- und Transportsystemen die Möglichkeit, einer Baustoff-Großhandlung ein System zur Verbesserung des Lieferservice anzubieten, so mag er etwa folgendes Telefongespräch führen:

Verkäufer: Guten Tag, hier spricht Reimann, Holger Reimann, Fachberater der Ratio-Nachrichten- und Transport-System. Bin ich mit Herrn Direktor Kunert persönlich verbunden?
Kunde: Genau, das sind Sie.
Verkäufer: Herr Direktor Kunert, wir sind sicher, wir können für Sie etwas tun, etwas zur Rationalisierung Ihres Lieferservice. Wir möchten Ihnen ein System zeigen, das gerade für Ihren Bereich beträchtliche Verbesserungen verspricht.
Kunde: Ja, das haben Sie schon in Ihrem Schreiben behauptet.
Verkäufer: Richtig – und nun sollen die Beweise folgen!
Sie sollten sich unser System in jedem Fall ansehen!
In 7-8 Minuten haben Sie sich ein Bild gemacht!
Wann würde es Ihnen denn für einen kurzen Besuch am besten passen?
Beispielsweise übermorgen um drei oder besser am Freitag vormittag?

III. Gesprächseröffnung

Während der Verkäufer bei der telefonischen Anmeldung nur seine Stimme einsetzen konnte, wirkt er beim Gegenübertreten mit seiner Gesamterscheinung auf den Kunden, d.h. auch und zunächst mit nichtverbalen Kommunikationselementen.

Durch Aufnahme von Blickkontakt zum Kunden verbunden mit freundlichem Lächeln vermag der Verkäufer dem Kunden Sympathie auszudrücken. Über Körperhaltung, Mimik und Gestik, über Kleidung und Aufmachung kann der Verkäufer Anmutungsqualität bieten, dem Kunden Wertschätzung versichern und sich kommunikationserleichternd auf den Kunden einstellen.

Einige Profiverkäufer führen ihre Verkaufserfolge u.a. wesentlich darauf zurück, daß sie sich durch entsprechende Kostümierung im Äußeren auf den jeweiligen Kunden einstellen und dadurch eine kommunikationsfreundliche Atmosphäre begünstigen.

Es ist in diesem Zusammenhang auf die dargelegten Erkenntnisse zur Kommunikationstheorie zu verweisen, insbesondere auch darauf, daß der Verkäufer sich **um** einen **günstigen Ersteindruck** zu **bemühen** hat. Der erste Eindruck färbt alle weiteren Eindrücke ein.[3] Löst der Ersteindruck abstoßende, entmutigende, kühle oder unwillige Empfindungen aus, dann läßt sich dieser ungünstige Ersteindruck auch durch entsprechend korrigierende Folgeanstrengungen nicht mehr völlig beseitigen: Der Verkäufer hat sich eine Hypothek aufgeladen.

Führt der Ersteindruck umgekehrt zu anziehenden, ermunternden, freudigen, vertrauensvollen oder ermutigenden Empfindungen, so kommt es zu einer positiven Einfärbung aller weiteren Eindrücke und Handlungen: Der Verkäufer hat sich einen Basiskredit geschaffen.

Sucht der Kunde den Verkäufer auf, so hat der Verkäufer nicht nur dafür zu sorgen, daß er persönlich einen günstigen Eindruck vermittelt. Er hat im weiteren das **Verkaufsumfeld** (Geschäftsräume, Verhandlungsraum) so zu **gestalten,** daß der Kunde den Raum positiv erlebt und sich dementsprechend von Anbeginn wohlfühlt. Beim Betreten eines Raumes wirkt nicht nur der Sehsinn, über den Hörsinn werden Geräusche (negativ z.B. störender Lärm), über den Geruchssinn Gerüche (negativ z.B. verbrauchte ‚dicke Luft') aufgenommen. Der Verkäufer muß bemüht sein, jene persönliche, gelöste, aufmunternde, freundliche Atmosphäre zu schaffen, die eine gute Grundlage für erfolgreiche Gespräche und Abschlüsse darstellt. Hat der Verkäufer Kenntnisse über bestimmte Neigungen oder Vorlieben des erwarteten Kunden, so läßt sich die Wahl oder Dekoration und Ausstattung des Verhandlungsraumes daraufhin ausrichten.

Einem chinesischen Sprichwort zufolge braucht derjenige, der nicht lächeln kann, seinen Laden gar nicht erst zu eröffnen. Zeigt der Verkäufer ein freudi-

---
[3] Vgl. L. Mann, a.a.O., S. 151

ges Gesicht und begrüßt er den Eintretenden natürlich-freundlich, dann besagt dies soviel wie: „Sie sind willkommen! Ich freue mich, daß Sie gekommen sind! Ich freue mich, Sie hier zu haben! Sie sind mir sympathisch!"[4]

Dies wird dem Kunden angenehm sein, er fühlt sich wohl oder zumindest wohler, als er sich eventuell beim Eintreten gefühlt hat. Dieses „Sich-wohler-Fühlen" beim Kunden, das einem Spannungsabbau bei ihm gleichkommt, ist insbesondere dann als entscheidender Anfangserfolg des Verkäufers zu werten, wenn der betreffende Kunde unter **Schwellenangst** steht. Schwellenängste sind vor allem zu erwarten, wenn es sich um für den Kunden ungewohnte oder psychisch belastende Geschäfte handelt, vor denen er sich eventuell sogar bewußt oder unbewußt ängstigt.

Eine derartige Schwellenangst mag beispielsweise bestehen, wenn Kunden in Drogerien oder Apotheken Artikel aus dem Intimbereich kaufen wollen. Sie kann aber auch für einen in bescheidenen Verhältnissen lebenden Kunden beim Betreten eines Juweliergeschäftes oder einer Bankhalle auftreten.

Erfolge der sogenannten „Kredithaie" dürften nicht unwesentlich darauf zurückgehen, daß bei einer recht großen Zahl von Kreditkunden das Empfinden herrscht, eine Bank sei dazu da, Geld anzunehmen und zu verwahren (Sparkasse!), nicht aber zur Kreditvergabe an sie. Aus dieser Einstellung heraus fürchten sie die Reaktion des Bankpersonals und/oder zufällig anwesender Bekannter, den Formularaufwand mit Bloßlegung ihrer persönlichen Verhältnisse u.ä.m.

Schwellenängste sind nicht nur bei Verbrauchern als Kunden einzukalkulieren, sie können sehr wohl auch bei Händlern oder Produzenten als Kunden auftreten. Plausibler Beispielfall mag ein Produzent sein, der bisher – vielleicht einer langen Familientradition folgend – in handwerklicher Fertigung gearbeitet hat und sich nun aus Rationalisierungsnotwendigkeiten heraus bei einem Lieferanten mechanisierter oder automatisierter Fertigungsverfahren zur Beratung angemeldet hat. Für den betreffenden Handwerker kann dieser Schritt auch psychisch so belastend sein (Bruch mit der Familientradition!), daß es offenbar sehr von der Gesprächseröffnung abhängt, ob der Lieferant und Verkäufer mit ihm ins Geschäft kommen kann.

Gerade Kunden, die unter Schwellenängsten stehen, haben sich vorher häufig ausgemalt, wie es wohl sein wird, wenn sie die Geschäfts- oder Verhandlungsräume betreten. Sie haben sich Wunschvorstellungen zurechtgelegt. Gelingt es dem Verkäufer, ein aus der Sicht des Kunden rollenkonformes Verhalten zu zeigen, und kommen auch vom Verkaufsumfeld keine Störungen, sondern vorstellungsadäquate Eindrücke, so wird dies die Verkaufschancen günstig beeinflussen.

Mangelt es dem Verkäufer an Kenntnissen über rollenkonformes Verhalten und vorstellungsadäquate Umfelder, so sind die entsprechenden Daten

---

[4] Vgl. A. Stangl, Praktische Verkaufspsychologie, Stuttgart 1958, S. 41

für das Instrument „Persönlicher Verkauf" wie bei anderen Marketinginstrumenten auch über die Marktforschung zu erheben.[5]

Zu den Grundregeln der Gesprächseröffnung gehört, den Eintretenden möglichst mit seinem Namen und eventuellem Titel zu begrüßen. Ist der Name nicht bekannt, so kann ihn der Verkäufer häufig dadurch erfahren, daß er sich selbst namentlich vorstellt. Weitere Möglichkeiten, den Namen und eventuellen Titel in Erfahrung zu bringen, bieten sich sonst beim Verkaufsabschluß über das Ausfüllen des Lieferscheines oder Rechnungsformulars, durch das Angebot der Warenzustellung oder das Anerbieten, den Kunden über Sonderangebote zu unterrichten, ihm den neuen Katalog zuzuschicken u.ä.m. Wert zu legen ist dabei auf absolut **korrekte** Schreibweise und Aussprache des Namens. Denn „es ist niemals ‚egal', ob man den Namen eines anderen Menschen, der das Symbol seiner selbst ist, richtig schreibt und gebraucht, oder ob man ihn verunstaltet."[6]

Den Namen des Eintretenden zu wissen und ihn von Anbeginn gelegentlich zu gebrauchen, trägt eine persönliche Note in das Verhältnis von Verkäufer und Käufer. Es ist sicher eines der einfachsten Mittel, über das sich eine günstige Atmosphäre schaffen und Stammkundschaft gewinnen läßt. Denn es wird jeden angenehm berühren, „wiedererkannt zu werden", es schmeichelt dem Selbstwertgefühl, nicht in Vergessenheit geraten, im Gegenteil offenbar so wichtig und bedeutungsvoll zu sein, daß man mit seinem Namen in Erinnerung geblieben ist.

Als formaler Bestandteil der Verkaufsarbeit sind auch Titelanreden oder die Anrede „Gnädige Frau" zu beachten, solange die Kunden nicht von sich aus darauf zu verzichten bitten. Derartige Anreden sind keine Frage der inneren Einstellung, wie Kirchhoff[7] zutreffend feststellt, sondern eine Übungssache, die zur sachlich-verkäuferischen Arbeit gehört. Der Verkäufer soll nicht Kunden erziehen (beispielsweise zu verminderter Eitelkeit), sondern ihnen das Wohlgefühl vermitteln, das sie gern und oft bei ihm kaufen läßt.

Nach der Begrüßung des Kunden, die durchaus Merkmale dessen tragen sollte, was man mit dem Begriff „Empfangen" verbindet (der Empfangende geht dem Eintretenden entgegen, er sucht Blickkontakt zu ihm, er macht einladende Gesten usw.), ist dem Kunden grundsätzlich ein **Sitzplatz** anzubieten. Verzichtet werden kann darauf generell nur, wenn sehr kurze Verkaufsvorgänge zu erwarten sind. Befinden sich Käufer und Verkäufer in sitzender Stellung, so begünstigt dies eine ruhige, gelassene, entspannte Atmosphäre. Der für einen erfolgreichen Geschäftsabschluß wichtig erscheinende enge persönliche Kontakt läßt sich leichter herstellen.

Wie zur Kommunikationstheorie ausgeführt, haben sich Sitzpositionierungen schräg gegenüber in einem Abstand von 1.30-2.30 m zwischen den Partnern als empfehlenswert erwiesen.

---
[5] Vgl. A. Bänsch, Marketing-Lehre, a.a.O., S. 7ff.
[6] A. Stangl, a.a.O., S. 44
[7] H. Kirchhoff, a.a.O., S. 73

Zweites Kapitel: Zwei-Personen-Beziehungen 53

Für die **Eröffnung des eigentlichen Gesprächs** wird generell empfohlen,[8] nicht unmittelbar auf den Zweck des Zusammenseins (das Verkaufsangebot) einzugehen, sondern über allgemeine oder spezielle im Interessenfeld des Kunden liegende Fragen zu sprechen, um eine gute persönliche Grundatmosphäre aufzubauen. Verkaufsprofis haben für diesen Zweck in ihrer Kundenkartei Angaben über die Privatsphäre des Kunden (insbesondere Familienverhältnisse, Privatwagen, Urlaubsreisen, Hobby), um dann beispielsweise über ein Gespräch zum Hobby (was im allgemeinen als sehr sicherer Ansatzpunkt gilt) zu einer aufgelockerten Atmosphäre zu kommen. Dabei mag es im Extrem sogar gelingen, einen vielbeschäftigten, sonst um jede Minute geizenden Generaldirektor so in Euphorie zu versetzen, daß er sich lang und breit über sein persönliches Hobby ausläßt, um dann (auch aus bewußter oder unbewußter Dankbarkeit, einen interessierten Zuhörer und Gesprächspartner gefunden zu haben) die eigentlichen geschäftlichen Fragen in wenigen Minuten zu erledigen, und dies dann im Sinne des Verkäufers.[9]

Verfügt der Verkäufer nicht über Kenntnisse aus dem Privatbereich des Kunden, so liefert notfalls das Wetter immer allgemeinen Gesprächsstoff (zu heiß, zu kalt, zu windig, zu wenig Regen, zu viel Regen usw.). Mit einem Gespräch über das Wetter oder andere ähnlich nichtssagende Themen werden zwar noch keine verkaufsbezogenen verbalen Informationen vermittelt, es bietet aber Gelegenheit, nichtverbale Signale auszutauschen und Fortschritte für eine entspannte Atmosphäre zu erzielen.[10]

Zu vermeiden sind allerdings sog. Tabuthemen und damit grundsätzlich die Bereiche Politik, Moral, Religion, da hier das Anpassungsvermögen des Verkäufers an den Kunden häufig sehr schnell überstrapaziert wird. Der Verkäufer hat sich aber auf jeden Fall in der Form auf den Kunden einzustellen, daß er Gemeinsamkeiten mit ihm feststellt und den Kunden in seiner Persönlichkeit aufwertet. Das Aufgreifen der sogenannten Tabuthemen kann diese Bemühungen unnötig erschweren.

Goldmann weist darauf hin, daß zur Schaffung eines Kontaktklimas jedoch nicht unbedingt zunächst ein allgemeines Gespräch zu führen ist.[11] Insbesondere wenn der Verkäufer bei der Anmeldung und Terminabsprache Kürze zugesagt hat, wäre unmittelbar auf Probleme, Wünsche und Bedürfnisse des Kunden einzugehen. Es ließe sich aber auch darüber ohne Zeitverlust ein Kontaktklima schaffen, das gleichzeitig zum direkten Verkaufsgespräch hinführt.

Sucht der Verkäufer den Kunden auf, so muß der Verkäufer mit einigen zusätzlichen Schwierigkeiten rechnen. Denn der Verkäufer hat dann im allgemeinen nur sehr geringe Möglichkeiten, auf das Gesprächsumfeld einzuwir-

---

[8] Vgl. z.B. A. Stangl, a.a.O., S. 42f.
[9] Vgl. A. Stangl, a.a.O., S. 43
[10] Vgl. M. Argyle, a.a.O., S. 204
[11] Vgl. H. M. Goldmann, a.a.O., S. 171f.

ken. Es kann dem Verkäufer z.B. widerfahren, im Stehen vor der Tür ‚empfangen' zu werden. Auf seine Frage, ob man sich nicht einige Minuten setzen könne, da er einige Unterlagen vorlegen und erläutern möchte, kann ihn die Antwort ‚leider keine Zeit' treffen. In einem derartigen Fall ist dem Verkäufer wohl die Frage anzuraten, ob er nicht besser zu einem anderen Termin noch einmal vorsprechen könne. Von Verkaufspraktikern wird jedenfalls übereinstimmend empfohlen, eher auf ein momentanes Verkaufsgespräch zu verzichten, als es in einer ungeeigneten Situation zu beginnen.[12]

Kommt der Verkäufer zum Kunden, hat er sich auch um **Personen im Vorfeld des Kunden** (insbesondere im Sekretariat) zu bemühen, da sie seinen Besuch sonst leicht abblocken, zumindest aber negativ vorfärben können.

Um das Vorzimmer nicht nur zu überstehen, sondern möglichst gestärkt aus ihm hervorzugehen, und sich im weiteren die Kontaktaufnahme zum Kunden zu erleichtern, sollte der Verkäufer zu einer natürlichen, unbeschwerten Haltung finden. Da im allgemeinen sowohl in den Vorzimmern als auch in den Chefzimmern eine Allergie gegen Reisende und Vertreter besteht, muß der Verkäufer bemüht sein, sich nicht als Verkäufer zu fühlen und damit nicht als typischer Verkäufer zu erscheinen. Eine Praktikerregel für diese Situation lautet: „Stellen Sie sich vor, Sie hätten auf der Straße eine Brieftasche mit 1 000,− DM gefunden. Stellen Sie sich dann vor, wie Sie in das Büro des Eigentümers eintreten würden, um sie zurückzugeben!"[13]

Wer in diese Rolle zu schlüpfen vermag, der wird nicht unterwürfig und um Entschuldigung bittend eintreten, sondern unverkrampft auftreten und in freundlich-entspanntem Ton erklären, den Chef erfreuen zu wollen.

Damit soll nicht etwa dreist-freches oder auf Überrumpelung ausgelegtes Auftreten empfohlen, sondern darauf hingewiesen werden, daß auch das andere Extrem, nämlich die bückelnde Bittstellerrolle, dem Verkäufer kaum Sympathien eintragen wird.

Zusammenfassend ließe sich **für die Kontaktphase** feststellen, daß die Bemühungen des Verkäufers auf die Erreichung einer positiven Grundatmosphäre zu richten sind. Dies kann insbesondere dann gelingen, wenn der Verkäufer sich auf den Lebensraum des Kunden einzustellen weiß und damit zu einem den Kundenerwartungen konformen Verhalten findet.

Der Verkäufer hat also „eine ungewöhnlich große Adaptionsfähigkeit gegenüber einer Vielfalt verschiedener Situationen oder Menschen (zu) entwickeln" oder er muß „bei der Auswahl und Bearbeitung von Kaufinteressenten äußerst selektiv vorgehen".[14]

---

[12] Vgl. z.B. G. Koschorek, Verkaufen will gelernt sein, Düsseldorf 1961. S. 148; H. M. Goldmann, a.a.O., S. 170
[13] H. S. Bell, ich weiß, wie man verkauft, Stuttgart 1959, S. 37
[14] R. Schoch, a.a.O., S. 462

B. Geschäftsverhandlungen (Aufbau- und Hinstimmungsphase)

I. Einleitung der Geschäftsverhandlungen

Sobald der Verkäufer mit dem Kunden in einer den weiteren Verhandlungen zuträglichen Form ins Gespräch gekommen ist, folgt die Überleitung auf das eigentliche Verkaufsthema.

Geht die Initiative zum Besuch des Kunden vom Verkäufer aus, so war er – wie bereits erwähnt – eventuell schon bei seinen Kontaktbemühungen gezwungen, Hinweise auf seinen Besuchszweck zu geben. Er hat entsprechend schneller „zur Sache zu kommen", dabei aber zu **vermeiden, daß** bei dem Kunden als **Ersteindruck entsteht, es solle** ihm **etwas verkauft werden.** Der Verkäufer sollte den Verkaufsprozeß vielmehr grundsätzlich als Problemlösungsprozeß zugunsten des Kunden ansehen und sich folglich als möglicher Problemhelfer oder Problemlöser einführen. In diesem Sinne könnte er dann beispielsweise äußern:

„Herr Direktor Müller, Sie haben sich doch auch wiederholt Gedanken über die relativ hohen Personalkosten im Bereich xyz gemacht! Wir haben uns speziell dieses Problems angenommen und können Ihnen jetzt einen erfolgssicheren Vorschlag unterbreiten."

Oder entsprechend direkter:

„Herr Direktor Müller – Sie sind doch sicher daran interessiert, im Jahr rund 750 000,– DM einzusparen?"

Oder gegenüber einem mittelständischen Einzelhändler:

„Was halten Sie von einem gewinnträchtigen Mehrumsatz von DM 75 000,– monatlich?"

Oder als Versicherungsvertreter gegenüber einem Privatkunden:

„Wissen Sie eigentlich, daß Sie Ihren gesamten Hausrat und Ihre gesamte Einrichtung für weniger als 100,– DM pro Jahr absichern können?"

Im Rahmen der Motivtheorie wurde dargelegt, daß Motive durch Anreize (z.B. Angebot einer Leistungskategorie) aktivierbar sind und daß die Wirkung von Reizkonstellationen von den Einstellungen des Individuums gegenüber den Reizen abhängt.

Trifft der Verkäufer also beim Käufer auf positive Einstellungen zum angebotenen Leistungsobjekt, so kann er sich in der Folge auf das Senden von motivaktivierenden Reizen konzentrieren (z.B. Darlegung der Vorteile einer bestimmten Leistungsvariante für den Kunden). Anderenfalls hat der Verkäufer zunächst einmal Informationen zu vermitteln, die eine positive Einstellung zum Kaufobjekt zu formen vermögen. Dabei kann sich die Einbettung des Kaufobjektes in ein für den Käufer positives Umfeld (entsprechend der klassischen Konditionierung z.B. Angebot einer neuen, skeptisch betrachteten Leistung im Verbund mit bekannten, vom Kunden positiv eingeschätzten Leistungen) oder die Bezugnahme auf Referenzpersonen als hilfreich erweisen. Läßt der Kunde dann eine grundsätzlich positive Einstellung erkennen, so wird die Motivaktivierung über Folgereize möglich, die sich auf die positive Einstellung beziehen.

Erwidert der Kunde auf das Angebot einer bestimmten Leistung, es bestehe kein Interesse, so hat der Verkäufer den Grund für das geäußerte Nichtinteresse herauszufinden. Dabei kann ihm der auf dem feldtheoretischen Konzept beruhende Ansatz Spiegels eine Hilfe sein. Wie dargelegt, läßt sich die Annahme oder Ablehnung eines bestimmten Angebots nach Spiegel aus dem Aufforderungscharakter erklären, den die betreffende Person erlebt. Die Reaktion ‚kein Interesse' von seiten des Kunden kann ihren Grund in fehlendem oder niedrigem primären Aufforderungswert des betreffenden Angebots haben. Der Kunde empfindet in diesem Fall kein oder nur ein geringes Bedürfnis nach der betreffenden Leistung. Er sieht in der betreffenden Leistung keinen oder nur geringen Nutzen für sich. Der Verkäufer muß dann versuchen, über die Darlegung von Nutzwerten Bedürfnisse zu wecken oder zu stimulieren und diese durch Zusatzaufforderungswerte zu erhöhen. Ist ein entsprechender Aufforderungswert vorhanden oder geschaffen worden, so erklärt sich das fehlende Interesse des Kunden an der unterbreiteten Offerte nach Spiegel durch zu große Distanz zwischen der psychischen Beschaffenheit des Kunden und der subjektiven Erlebnisqualität des Angebots für den Kunden.

Das vom Kunden empfundene Image des Angebots und seine Erwartungen liegen zu weit auseinander. In diesem Fall kann der Verkäufer auf die bereits generell dargelegten Ansätze

(a) Beeinflussung des Angebotsimage im Sinne der Kundenerwartung
(b) Beeinflussung der Kundenerwartung im Sinne des gegebenen Angebotsimage

zurückgreifen. Konkrete Techniken dazu folgen an späterer Stelle (Gliederungspunkt ‚Positive Behandlung von Kundeneinwänden').

II. Demonstration

a) Wahl des Demonstrationsobjektes

Steht das ins Gespräch gebrachte Verkaufsobjekt in verschiedenen Marken, Größen und/oder Qualitäten (und damit Preisklassen) zur Verfügung und hat der Käufer sich dazu nicht geäußert, so führt dies zunächst zu der Frage, wie viele Marken in welcher Größe und in welcher Qualität der Verkäufer demonstrieren soll.

Zur vorzulegenden Auswahl gilt als allgemeine Empfehlung, daß die **Auswahl nicht zu klein** (um dem Kunden Auswahl demonstrieren zu können), **aber auch nicht zu groß** (weil der Kunde sonst leicht die Übersicht verliert) sein sollte.

Zum **Qualitäts- und Preisaspekt** erscheint grundsätzlich (je nachdem, wie der Kunde eingeschätzt wird) Vorlage der Spitzenmarke, zumindest aber Vorlage mittlerer Qualitäten angeraten. Wird unmittelbar die Spitzenklasse vorgelegt, so fühlt sich der Kunde eventuell in seinem Selbstwertgefühl und Geltungsstreben geschmeichelt und akzeptiert, obwohl er eventuell etwas niedriger ansetzende Vorstellungen hatte. Da die letztgenannte Reaktion jedoch nicht mehr als eine Eventualität darstellt und der Start mit der Spitzenlage die Kunden belasten kann, die in ihren Vorstellungen von den unteren Qualitätsklassen ausgegangen sind (sie müßten sich selbst von oben nach unten, d.h. – bei Einteilung in obere, mittlere, untere Klasse – um zwei volle Klassen zurückstufen), erscheint es zweckmäßig, zunächst eine mittlere Qualität vorzulegen. Der Kunde kann sich dann selbst aufwerten oder braucht sich nur um eine Klasse zurückzustufen.

Gute Chancen, dem Kunden ein Objekt der oberen Klasse zu verkaufen, bestehen jedoch vor allem dann, wenn der Kunde funktionell und/oder sozial risikobewußt ist.

Das Risikobewußtsein äußert sich in der Form, daß der Kunde auf jeden Fall sicher sein möchte, keinen Fehlkauf zu tätigen. Der Kunde will sich gegen funktionell und/oder sozial bedingte Nachkaufdissonanzen schützen; er möchte sicher sein, später keine mangelnde Funktionsfähigkeit, Funktionssicherheit, Funktionsdauer o.ä. beklagen zu müssen (funktioneller Aspekt) und/oder sicher sein, daß er mit seinem Kauf keine sozialen Bestrafungen (wie Spott, Mißbilligung, Tadel aus positiven Referenzgruppen oder Einordnung in negative Referenzgruppen) riskiert.

Ansetzend am funktionellen Aspekt kann der Verkäufer das teurere Produkt dadurch in den Vordergrund rücken, daß er auf über jeden Zweifel erhabene Qualität bei diesem Produkt gegenüber Unsicherheiten und Unwägbarkeiten bei anderen billigeren Produkten hinweist.

Sollen für den Kunden soziale Risiken ausgeschaltet werden, die nach den Darlegungen zur Gruppenforschung und Rollentheorie eine stärkere Rolle spielen können als funktionelle Objektrisiken, so erscheinen Hinweise auf entsprechende Käufe durch Referenzpersonen erfolgversprechend.

Den genannten Aspekten kommt ein um so größeres Gewicht zu, je unbekannter und ungewohnter die Kaufobjekte für den Kunden sind und je uninformierter der Kunde damit ist.

Die soziale Risikokomponente erweist sich speziell bei Geschenkartikeln als bedeutungsvoll. Denn hier zeigen die Kunden im allgemeinen (eventuelle Ausnahme: lästige Pflichtgeschenke) eine ausgeprägte Neigung zur Vermeidung von Sozialrisiken. Sie fürchten, daß ihnen erwünschte oder gar notwendige Belohnungen durch den Beschenkten versagt bleiben könnten, und eröffnen dem Verkäufer damit gute Aussichten zum Verkauf hoher Qualitäts- und Preislagen.

Stehen verschiedene **Ausführungsgrößen** zur Verfügung, so empfiehlt sich generell – anknüpfend an die entsprechenden Ausführungen zum Qualitätsaspekt – der Beginn mit der Mittelgröße. Der Kunde kann sich dann auch hier selbst aufwerten und braucht sich (bei Präsenz der Stufen groß, mittel, klein und Wunsch nach der kleinen Größe) nur um eine Klasse zurückzustufen.

Möglichkeiten, den Kunden von der Mittellage zum großen Angebot zu führen, ergeben sich für den Verkäufer eventuell aus den relativen Preisvorteilen der großen Ausführung, eventuell aber auch aus dem dann länger gesicherten funktionellen Nutzen (Kunde vermag sich bestimmte Qualitäten zu bestimmtem Preis für längere Zeit zu sichern) oder dem höheren sozialen Nutzen, den die größere Ausführung vermitteln kann.

b) Grundregeln der Demonstration

1. Positives Verhältnis zum Kaufobjekt zeigen

Geht der Verkäufer mit dem Kaufobjekt achtlos und lieblos um, so mag er das betreffende Objekt verbal noch so loben und vorteilhaft darstellen, der Kunde wird kaum zu überzeugen sein. Der Kunde hat dann nämlich einander widersprechende Informationen (dissonante Kognitionen) aufgenommen und wird den wahrgenommenen Widerspruch durch die Interpretation auflösen: ‚Der Verkäufer meint gar nicht, glaubt selbst gar nicht an das, was er da sagt!' Zu erinnern ist in diesem Zusammenhang an die Feststellung aus der Kommunikationstheorie, daß nonverbale Signale (hier: Behandlung des Kaufobjektes) eher wahr/glaubwürdig wirken als verbale.

Damit verbal Kommunikationsmittel und das nichtverbale Kommunikationselement ‚Verkaufsobjekt' den Kunden widerspruchsfrei erreichen, hat der Verkäufer sich **um** eine pflegliche, **sorgsame**, eventuell sogar als liebevoll oder ehrfurchtsvoll zu bezeichnende **Behandlung des Kaufobjektes zu bemühen**. Konkret: Die Ware ist also nicht auf den Tisch zu werfen, sie ist vielmehr zu präsentieren; bei bestimmten Waren erscheint es sogar angebracht, wenn der Verkäufer sie zelebriert. Der Kunde kann nämlich von der Art und Weise, in der das Kaufobjekt behandelt wird, auch auf die Qualität und den Wert der betreffenden Ware schließen. Produkte (wie z.B. Stoffe, Möbelstücke, aber auch technische Geräte), die der Verkäufer mit ersichtlich liebevoller Hand streichelt, werden dem Kunden anders erscheinen, als Stücke, denen der Verkäufer derartige nichtverbale Zuwendungen versagt oder sogar abfällig wirkende Signale zuteil werden läßt.

Es gehört auch zu den grundsätzlichen Trugschlüssen, wenn man meint, dem Kunden durch bewußt grobe Behandlung der Ware demonstrieren zu können, wie stabil, strapazierfähig und unempfindlich das Kaufobjekt ist.[15] Für diesen Zweck bieten sich in der Regel besser geeignete Möglichkeiten an (u.a. Testberichte, Kundenreferenzen). Soll am Objekt demonstriert werden, so ist ein gesondertes Vorführobjekt zu nutzen, nicht aber das dem Kunden zu übergebende Objekt. Der Kunde wird sonst zu der Befürchtung neigen, es könnte bei dem betreffenden Härtetest an seinem Objekt doch ein unsichtbarer Schaden entstanden sein.

2. Verständlich demonstrieren

Eine verständliche Demonstration bedingt zunächst Einhaltung folgender allgemeiner, im Rahmen der Kommunikationstheorie näher dargelegter Grundregeln: Der Verkäufer hat sich um eine einfache, geordnete und kurzprägnante Sprache zu bemühen und seine Ausführungen durch zusätzliche Stimuli wie humorvolle Formulierungen, rhetorische Fragen, Bildmaterial anzureichern, um sich die Aufmerksamkeit des Kunden zu sichern. Die einzelnen Sätze und Wörter sollten also möglichst kurz sein, es sollte positiv und anregend, übersichtlich und folgerichtig formuliert werden. Positive Formulierungen sind nicht nur eingängiger, sondern führen beim Aufnehmenden zu entsprechend positiven Eindrücken, wo anderenfalls (trotz objektiv gleicher Aussage) ein Negativeindruck entsteht.

Der Unterschied sei am Beispiel der Information über eine unvermeidbare Lieferzeit verdeutlicht: Sagt der Verkäufer in einem Fall

‚Diese Woche können wir nicht mehr liefern!'

und im anderen Fall

‚Sie werden sofort in der nächsten Woche beliefert!',

so handelt es sich zwar objektiv um die gleichen Informationen, mit allerdings wohl deutlich unterschiedlicher Wirkung auf den Kunden.

Zu den allgemeinen Grundregeln einer verständlichen Demonstration gehört im weiteren, daß der Kunde Lerneinheiten geboten bekommt, die sog. **Aha-Erlebnisse begünstigen.** Dazu ist es notwendig, dem Kunden die für ihn wesentlichen Merkmale herauszustellen und ihre Zusammenhänge zu vermitteln. Man darf also nicht darauf vertrauen, daß der einzelne Kunde sich aus einer eingelernten Standarddemonstration ja wohl schon selbst die für ihn wichtigen Einzelheiten und Zusammenhänge herausfiltern wird. Es ist vielmehr (wie im feldtheoretischen Ansatz aufgezeigt) unabdingbar, daß man auf den einzelnen Kunden eingeht und sich in seine Welt hineinversetzt.

Nur dann, wenn die gebotenen Lerneinheiten beim Lernenden (Kunden) auf Verständnis stoßen, ist eine hohe Wahrscheinlichkeit dafür gegeben, daß die Demonstration beim Kunden ankommt und er sie im Gedächtnis behält

---

[15] Vgl. G. Fabiunke, O. Grünewald, J. Lehm, Verkaufspsychologie, 5. Aufl., Berlin (Ost) 1974, S. 117

(was sich insbesondere bei nicht unmittelbar zu erreichendem Kaufabschluß als wichtig erweist).

Ob und inwieweit er für den Kunden verständlich demonstriert, hat der Verkäufer durch laufende Beobachtung des Kunden zu kontrollieren. Vom Kunden kommen sprachliche und nichtsprachliche Informationen. Entsprechend wurde im Rahmen der kommunikationstheoretischen Ausführungen darauf verwiesen, daß beispielsweise hochgezogene Augenbrauen Überraschung oder Ungläubigkeit, sich verengende Augen Mißvergnügen und Bewegungen des Mundes Skepsis signalisieren.

3. Kunden aktivieren

Der Verkäufer muß **dem Kunden das Kaufobjekt nahebringen**. Allein durch Reden lassen sich langfristig kaum Verkaufserfolge erzielen und bei alleinigem Reden des Verkäufers sinkt die Wahrscheinlichkeit für nachhaltige Verkaufserfolge noch weiter ab.

Es gilt, den Kunden zu aktivieren, indem man

(1) ihn ins Gespräch zieht und damit zum Reden bringt
(2) möglichst alle Sinne des Kunden anregt (neben dem Hörsinn den Sehsinn und möglichst auch die Nahsinne: Tast-, Geruchs- und Geschmackssinn).

Zu (1):
Redet der Verkäufer ausschließlich oder überwiegend, drängt er den Kunden also in die Rolle des bloßen Zuhörers, so folgen daraus

- entweder Interesselosigkeit, Ungerührtheit, Kühle beim Kunden (aus der dem Kunden zugeteilten passiven Rolle)
- oder abweisende Erregung (psychologische Reaktanz) beim Kunden (aus der vom Kunden empfundenen Einengung seines Verhaltensspielraumes).

Psychologische Reaktanz steht insbesondere dann zu erwarten, wenn der Verkäufer auch über weitere Kommunikationselemente versucht, den Kunden einzuengen und auf eine bestimmte Kaufhandlung hinzudrängen (Hochdruckverkauf). Nach der Reaktanztheorie ist dann damit zu rechnen, daß der Betroffene sich darum bemüht, aus der Einengung herauszugelangen, um seine Handlungsfreiheit wiederzugewinnen.[16] Dies bedeutet (übertragen auf den Kaufprozeß) die Gefahr, daß der Kunde den Rückzug aus der betreffenden Kaufverhandlung oder zumindest aus weiteren Verbindungen zu dem betreffenden Verkäufer sucht.

Im weiteren können als Folge zu großer Sprachmenge des Verkäufers Unterlegenheitsgefühle beim Kunden auftreten, die ebenfalls nicht dazu angetan sind, ein Partnerschaftsverhältnis zum Kunden zu begründen.

---

[16] Vgl. dazu das grundlegende Buch von J. W. Brehm, The Psychology of Psychological Reactance, New York u.a. 1966

Wie aus kommunikationstheoretischen Erkenntnissen abgeleitet wurde, sollte der Verkäufer seinen **Kunden möglichst viel zu Wort kommen lassen** und ihm von daher Engagement für das Kaufobjekt und Gefühle der Überlegenheit im Verkaufsgespräch ermöglichen. Zum Reden veranlassen kann der Verkäufer seinen Kunden, indem er ihm Fragen stellt. Zum Weiterreden ermuntern kann er den Kunden durch zustimmende verbale Signale (ja! ganz richtig! interessant! aha!) oder nichtsprachliche Signale (Kopfnicken, entsprechende Handgestik).

Zu (2):
Verkaufstrainer pflegen ihren Schülern als Leitworte

‚Reden ist Silber, zeigen ist Gold!'

oder

‚Gut gezeigt ist halb verkauft!'

mit auf den Weg zu geben.

Das Zeigen soll zu einer Beschäftigung des Kunden mit dem Demonstrationsobjekt führen. Der Kunde soll dadurch aktiviert werden, daß er die Ware möglichst in die Hand nimmt, sie betrachtet und befühlt, sie eventuell beriecht und schmeckt, mit ihr hantiert, sie ausprobiert. Je mehr Sinne des Kunden man dabei anspricht, desto größer wird generell die Erfolgschance; das alleinige Zuhören ist nur wenigen Personen willkommen.

Gelingt es dem Verkäufer, den Kunden in die Vorstellung und Vorführung der Ware aktiv einzubeziehen, so kann man damit rechnen, daß der Kunde psychisch Besitz von der angebotenen Ware zu ergreifen beginnt.[17]

Geht es z.B. um den Verkauf einer Waschmaschine, so ist es wichtig, den Kunden dadurch mit der vorgeführten Maschine in Kontakt zu bringen, daß man ihm die notwendigen Handgriffe vornehmen, die entsprechenden Schalter und Hebel bedienen läßt. Kann der Kunde dazu veranlaßt werden, so besteht eine erheblich größere Chance als bei alleiniger Aktivität des Verkäufers, daß sich eine innere Beziehung des Kunden zur Maschine einstellt und die Maschine sich zu „seiner" Maschine zu wandeln beginnt.[18]

Den Idealfall bildet ein Aktivierungsgrad beim Kunden, der es dem Verkäufer erlaubt, zunächst im wesentlichen die Rolle des Zuhörenden und Beobachtenden einzunehmen.

Der Kunde soll nicht das Gefühl bekommen, es werde ihm etwas verkauft.

Er will und soll glauben, daß er etwas kauft!

Entsprechende Zurückhaltung des Verkäufers wird dieses Gefühl beim Kunden stützen.

---

[17] Vgl. R. Jessen, Die neuen Verkaufstechniken, München 1970, S. 94
[18] Vgl. A. Stangl, a.a.O., S. 144

Allerdings ist die angesprochene Zurückhaltung nicht mit Regieaufgabe gleichzusetzen. Die Regie sollte der Verkäufer sich während des gesamten Verkaufsprozesses nicht nehmen lassen. Zurückhaltung ist folglich als ein Zug im Regieplan zu interpretieren, der den Käufer manches für die weitere Verkaufsverhandlung Wissenswerte selbst äußern läßt. Der Verkäufer wird in der Zuhörer- und Beobachterrolle einiges über die Vorstellungen und Wünsche des Kunden, seine Einwände und Bedenken erfahren und seine weiteren Aktivitäten gezielt darauf ausrichten können.

Während eine den Kunden aktivierende Demonstration bei physischer Anwesenheit der Ware oder eines Warenmusters relativ einfach realisierbar ist, steht der Verkäufer bei der Veräußerung von nicht körperlich vorführbaren Objekten vor größeren Schwierigkeiten. Der aufgezeigte Ansatz läßt sich jedoch auch in diesen Fällen nutzen. Der Verkäufer sollte dann Filme, Fotos, Zeichnungen oder maßstabsgerechte Modelle zur Verfügung haben, er sollte zusammen mit dem Kunden Skizzen anfertigen und mit ihm Berechnungen vornehmen. Es sollten mögliche Umsatzverbesserungen oder Kostenersparnisse, Sicherheits- oder Flexibilitätsgewinne vorgerechnet und grafisch veranschaulicht werden.

Der Verkäufer darf grundsätzlich nicht erwarten, daß der Kunde Vorstellungskraft entwickelt und sich um das Verständnis der angebotenen Leistung bemüht. Zumindest im generell gegebenen Käufermarkt kann sich der Kunde Bequemlichkeit erlauben.

Will eine Baufirma also beispielsweise von einer Gemeinde den Auftrag für den Bau eines Sport- und Freizeitzentrums anwerben, so wird sie bei den über die Auftragsvergabe entscheidenden Gemeindeparlamentariern kaum allein mit technischen Zeichnungen zum Erfolg kommen. Derartige für Architekten, Bauingenieure und andere Baufachleute aussagefähigen Unterlagen geben dem Laien wenig. Für ihn ist die ‚Lernaufgabe' so aufzubereiten, daß sie ihm möglichst ohne Mühe zugänglich wird. Die betreffende Baufirma kann dann entsprechend Besichtigungen von an anderer Stelle gebauten Sport- und Freizeitzentren arrangieren, sie kann Filme derartiger Zentren vorführen und mit maßstabsgerechten, realistischen Modellen des geplanten Zentrums aufwarten. Je realistischer die Modelle ausfallen (hier konkret: mit Attrappen von Baum- und Gartenanlagen, funktionsfähigen Sport- und Spielgeräten, Personenfiguren, eventuell sogar Wasser im Schwimmbecken), desto stärker werden die Sinne der Umworbenen aktiviert und desto größer wird die Chance, daß sie sich für das vorgestellte Objekt engagieren.

Neben den bereits genannten Gründen sprechen für eine möglichst weitgehende Aktivierung des Kunden spezielle Erkenntnisse der Lerntheorie und der Dissonanztheorie.

Von den Reiz-Reaktions-Theorien kommt die Feststellung, daß durch Handeln gelernt wird. Der Lernende (Käufer) soll also beim Lernvorgang (hier u.a. Aufnehmen und Behalten der Vorzüge und Werte der angebotenen Leistung) möglichst aktiv sein.

Aus der Dissonanztheorie leitet sich die Erkenntnis ab, daß man gegen Nachkaufdissonanzen (nachträgliches Bedauern des Kaufs) durch Aktivierung des Kunden vorbeugen kann. Je mehr der Kunde sich die angebotene Leistung durch sein eigenes Engagement, durch eigenes Experimentieren und Probieren, durch eigenes Überzeugen und Vergewissern an sich selbst verkauft, desto weniger anfällig wird er für Dissonanzen nach dem Kauf sein.

4. Kunden bestätigen

Im vorhergehenden Abschnitt klang bei der Darlegung von Möglichkeiten zur Aktivierung des Kunden bereits etwas von der Bedeutung an, die der Gewährung von **Lob und Bestätigung an den Kunden** zukommt.

Den Erkenntnissen der Lerntheorie ist zu entnehmen, daß die Darbietung positiver Reize (Lob, Bestätigung, Belohnung) Verstärkereffekte auslöst. Fühlt sich der Kunde also vom Verkäufer anerkannt und bestätigt, so steigt seine Empfänglichkeit für Argumentationen des Verkäufers. Im weiteren kann dem Kunden gewährtes Lob bei diesem Neigungen begründen oder verstärken, seinerseits den Interaktionspartner (also den Verkäufer) zu belohnen.

Wie im Folgepunkt (Behandlung von Kundeneinwänden) noch näher darzulegen ist, sollte der Verkäufer darauf achten, daß er zu keinem Zeitpunkt in direkte Konfrontation zum Kunden gerät. Der Kunde soll den Verkäufer nicht als Gegner empfinden, der Verkäufer soll nicht als Besserwisser, Erzieher oder Lehrmeister auftreten. Von daher hat der Verkäufer während des gesamten Verkaufsprozesses eine den Kunden bestätigende Grundhaltung einzunehmen und durchzuhalten. Daraus ist jedoch nicht zu schließen, daß die Dosierung der Bestätigungen an den Kunden durchgehend gleich hoch zu bleiben habe. Plausibel erscheint zur zeitlichen Verteilung der Gesamtbelohnungsmenge an den Kunden vielmehr, innerhalb bestimmter Zeitabschnitte gehäuft Belohnungen zu gewähren und sich in der übrigen Zeit Zurückhaltung mit Belohnungen aufzuerlegen. Ein gleichmäßig hoher Grad an Belohnungen könnte beim Kunden zur Übersättigung und damit zur Minderung des Wertes der Belohnungen führen oder die Glaubwürdigkeit der Belohnungen mindern. Belohnungen lösen nur dann Verstärkereffekte aus, wenn beim zu Belohnenden Aufnahmebereitschaft für die Belohnung besteht, und sie lösen um so größere Verstärkereffekte aus, je größer die Aufnahmebereitschaft für die Belohnungen ist. Die Aufnahmebereitschaft für Belohnungen bestimmt sich aber wesentlich durch den Zeitraum seit der letzten gewährten Belohnung. Der Verkäufer sollte seine Belohnungen folglich in entsprechender punktueller Häufung einsetzen.

5. Kundeneinwände positiv behandeln

Ein Kaufabschluß ohne jegliche vorausgehende Einwände des Kunden ist eher die Ausnahme als die Regel. Für den Fall, daß der Kunde bereits bei der Gesprächseröffnung mit dem Grundeinwand ‚Kein Interesse' reagiert, wurden bereits Hinweise gegeben.

Einwände, die der Kunde im Laufe der Geschäftsverhandlungen (während der Demonstration) vorbringt, sollte der Verkäufer grundsätzlich als ein Zeichen dafür werten, daß beim Kunden Interesse für das unterbreitete Angebot besteht. Sie zeigen häufig an, daß das Angebot nicht einfach abgeprallt ist, daß der Kunde sich vielmehr mit der angebotenen Leistung beschäftigt (man pflegt sich nur zu kratzen, wenn es zu jucken beginnt!).

In dieser Form interpretierte Einwände erscheinen für den Verkäufer nicht frustrierend, sondern stimulierend. Sie sind dem Verkäufer Wegweiser, die über die Einstellung und die Vorstellungen des Kunden orientieren. Sie lassen sich dazu nutzen, treffende Argumente für den Kaufabschluß zu finden.

Ein potentieller Käufer ist nur dann zum Kaufabschluß zu überzeugen, wenn er – wie bereits mehrfach erwähnt – nicht das Gefühl hat, es solle **ihm** etwas **ver**kauft werden, und er wird sich nach dem Kaufabschluß nur dann in einer weiteren Abschlüssen zuträglichen Verfassung (in dissonanzfreier Verfassung) befinden, wenn er das Gefühl hat, **er** habe etwas **ge**kauft. Über den sog. Hochdruckverkauf, der Einwände systematisch unterdrückt oder überhört, lassen sich höchstens Augenblickserfolge erzielen, und diese auch lediglich bei sehr wenigen Kunden. Als Folge einer derartigen ‚Behandlung' von Einwänden ist beim Kunden nämlich Reaktanz zu erwarten. Der Kunde empfindet eine massive Einengung seines Freiheitsspielraumes. Dies löst nach der Theorie der psychologischen Reaktanz eine Motivation aus, „die auf die Vermeidung weiterer Einengung und die Wiederherstellung der ursprünglichen Möglichkeiten gerichtet ist"[19]. Das heißt, der Kunde wird die Kaufverhandlung abbrechen oder zumindest keine Neigungen zu weiteren Geschäftsbeziehungen mit dem betreffenden Verkäufer zeigen.

Wie zur Dissonanztheorie festgestellt wurde, sind die während des Entscheidungsprozesses beim Kunden auftretenden Dissonanzen vollständig abzubauen. Sie können sonst über den Entschluß hinaus wirken und nach dem Entschluß erhebliche Selbstzweifel bewirken. Der Verkäufer ist also gut beraten, wenn er geäußerte Einwände aufnimmt und sich darüber hinaus bemüht, vom Kunden zurückgehaltene Einwände zur Sprache zu bringen. Wie vorhergehend bereits ausgeführt, sollte der Verkäufer den Kunden aktivieren; diese Aktivierung schließt das Bemühen ein, den Kunden durch Fragen zum Reden und damit zum Äußern seiner positiven und negativen Eindrücke vom Angebot zu bewegen.

Jedem der Kundeneinwände hat sich der Verkäufer zu widmen. Überhören darf der Verkäufer grundsätzlich lediglich die sog. Scheineinwände oder Ausflüchte, die in der Regel daran zu erkennen sind, daß bei ihnen kein Zusam-

---

[19] G. Grabitz-Gniech, H.-J. Grabitz, Psychologische Reaktanz: Theoretisches Konzept und experimentelle Untersuchungen, in: Zeitschrift für Sozialpsychologie, Jg. 1973, H. 4, S. 19

menhang mit der sonstigen Argumentation des Kunden besteht.[20] Die ernst zu nehmenden **Einwände hat der Verkäufer auszuräumen, ohne dabei den Kunden** durch Belehrungen **zu belasten oder** durch Rechthaberei **zu verprellen.** Es ist davon auszugehen, daß sich in Einwänden auch das Geltungsbedürfnis des Kunden äußert:[21] Er will – ob bewußt oder unbewußt ist gleichgültig – Urteilsvermögen, Unbeeinflußbarkeit, Verhandlungsstärke, eine eigene Meinung u.ä.m. demonstrieren. Folglich muß der Verkäufer die Techniken beherrschen, die es ihm erlauben, den Einwänden zu entgegnen und sie auszuräumen, ohne damit offene Meinungsverschiedenheiten oder gar einen offenen Streit zu provozieren.

Streit kann sich kein Verkäufer leisten, der im Geschäft bleiben möchte. Denn „verliert er den Streit, verliert er auch das Geschäft; gewinnt er den Streit, verliert er den Kunden."[22] Der Kunde ist also auf jeden Fall unter Schonung seines Selbstwertgefühls, möglichst mit Erhöhung des Selbstwertgefühls umzustimmen. Gerade in dieser Phase der Verkaufsverhandlung lassen sich mit Lob an den Kunden für seine kritische Haltung, für seine Detailkenntnisse, für seine Übersicht usw. Verstärkereffekte setzen.

Anknüpfend an die Möglichkeiten zur Dissonanzreduktion kann sich der Verkäufer der folgenden grundsätzlichen Ansätze bedienen:

(a) Akzeptanz der Einwände und Übergang auf anderes, von den Einwänden nicht betroffenes Angebot
(b) Ausschaltung der Einwände
(c) Verminderung des Gewichtes der Einwände durch andere Ausdeutung der Einwände und/oder Hinzufügung positiver Argumente.

Den vom Kunden vorgetragenen Einwand zu akzeptieren und das bisherige Angebot durch ein von dem betreffenden Einwand freies Angebot zu ersetzen, erscheint als der problemloseste Ansatz. Diese Methode ist allerdings nur dann (abgesehen von der vorauszusetzenden Ausweichmöglichkeit auf ein Ersatzangebot) angeraten, wenn sich die ursprünglich angebotene Leistung im angesprochenen Punkt tatsächlich als für den Kunden ungeeignet erweist. Handelt es sich bei dem Einwand etwa nur um einen Vorwand des Kunden, so werden weitere entsprechende Einwendungen gegen das neue Angebot folgen. Der Verkäufer leitet mit der Substitutionsmethode dann lediglich eine Kette ein, über die der Kunde kaum auf ein bestimmtes Angebot zu fixieren ist.

Als auf die Ansätze (b) und (c) zurückgehende, konkret in der Verkaufspraxis anwendbare Methoden sind zu nennen:

---

[20] Vgl. H. M. Goldmann, a.a.O., S. 136
[21] Vgl. J. L. Wage, Verkaufstechnik, in: Marketing- und Verkaufsleiter-Handbuch, 2. Aufl., München 1972, S. 1030
[22] G. Koschorek, a.a.O., S. 171

Methode der bedingten Zustimmung

Bei Nutzung dieses auch als „Ja, ... aber – Methode" bezeichneten Ansatzes stimmt der Verkäufer dem Einwand zunächst einmal grundsätzlich zu, um damit einen Besänftigungseffekt zu erzielen. Erscheint dieser Effekt erreicht, so folgen Gegenargumente zur Beseitigung des Einwandes. Traditionell wurde dabei die Formulierung des „Ja, ... aber" empfohlen.[23] Da das Wort „Aber" jedoch leicht zum Warnsignal für den Kunden werden kann („Aha, jetzt kommt das, was er wirklich sagen will")[24], sollte man es in der Formulierung möglichst vermeiden.

Lautet der Einwand des Kunden beispielsweise, das betreffende Modell sei für ihn zu modern, so läßt sich aus der Methode etwa folgende Antwort ableiten: „Ja – Sie haben recht, es ist ein modernes Modell. Sie befinden sich hier in Übereinstimmung mit den führenden Kritikern, die es als modernes, an die klassischen Linien und Formen anschließendes Modell bezeichnet haben. Es ist als eine sehr frische, interessante und gefällige Weiterentwicklung bezeichnet worden; dies Modell paßt auf jeden Fall sehr gut zu Ihrem Stil und Ihrer Erscheinung!"

Bumerang-Methode

Bei der Bumerang-Methode erhält der Einwand des Kunden zunächst volle Zustimmung. Anschließend wird der Einwand jedoch in ein Argument für das Angebot umgewandelt. Diese Methode verspricht immer dann Erfolg, wenn der Einwand entgegen den Annahmen des Kunden direkt oder indirekt für die angebotene Leistung spricht und damit zum Ausgangspunkt einer Proargumentation dienen kann.

Bringt ein Industriekunde z.B. als Einwand, er könne sich die Anschaffung des betreffenden Aggregates bei dem augenblicklich schlechten Geschäft nicht leisten, so könnte der Verkäufer darauf etwa in folgender Weise eingehen: „Gerade deshalb, Herr Direktor Schneider, sollten Sie jetzt unser neues Aggregat nutzen, denn es wird Ihnen helfen, zu rationalisieren und Kosten zu sparen!"

Wendet ein Kunde im Versicherungs-Werbegespräch beispielsweise ein: „Bei meinem kleinen Einkommen kann ich mir doch keine Hausrat-/Haftpflichtversicherung leisten!", so könnte der Vertreter etwa in folgender Weise reagieren: „Gerade aus diesem Grunde, Herr Meier, ist für Sie eine derartige Versicherung ja von so großem Wert! Wenn Sie ein Schaden oder ein Haftpflichtanspruch trifft – Sie werden ohne diese Versicherung ja Ihres Lebens nicht mehr froh! Gerade als kleinere Einkommensbezieher brauchen wir doch den Gemeinschaftsschutz einer Versicherung!"

---

[23] Vgl. z.B. F. Scherke, Verkäufer-Training, Wiesbaden 1966, S. 92
[24] H. M. Goldmann, a.a.O., S. 147

Transformationsmethode

Kennzeichen dieser Methode ist die Umwandlung des Einwandes in eine Gegenfrage; entsprechend findet sich auch die Bezeichnung „Methode der Gegenfrage".

Eventuell erübrigt sich bei geschickter Formulierung der Gegenfrage ein weiteres Eingehen auf den Einwand, weil die Gegenfrage dem Kunden den unzutreffenden Ausgangspunkt eines Einwandes aufzeigt oder ihn veranlaßt, den Einwand selbst zu beantworten. Wesentlich ist dabei, für die Gegenfrage eine Formulierung zu finden, die den Kunden möglichst nicht belastet.

Lautet der Einwand des Kunden etwa, er wolle die Preisentwicklung zunächst einmal abwarten, so könnte die Gegenfrage lauten: „Sehen Sie Anhaltspunkte für eine vorteilhafte Veränderung der Preise?"

Läßt sich der Einwand allein über die Gegenfrage nicht parieren, so hat die Gegenfrage ihren Wert darin, daß der Verkäufer Zeit gewinnt, zusätzliche Informationen vom Kunden bekommt (über den Hintergrund des Einwandes) oder zumindest nicht auf einen Einwand zu antworten hat, sondern auf seine eigene rhetorische Gegenfrage antworten kann. Es ist Wage darin zuzustimmen, daß „eine Frage zu beantworten ... eine harmlose Angelegenheit (ist) als einen Einwand zu beseitigen."[25]

Kommt der Einzelhandelskunde z.B. mit dem Einwand, er habe keinen Regalplatz mehr frei, so kann der Verkäufer etwa folgendermaßen ansetzen: „Das ist eine sehr entscheidende Frage, die Sie damit ansprechen! Wie soll man den zur Verfügung stehenden Regalplatz vergeben? Neueste Untersuchungen besagen ganz eindeutig, daß Artikel des Freizeitbereiches besonders zukunfts- und erfolgsträchtig sind ...".

Referenzmethode

Bei dieser Methode versucht der Verkäufer, den Referenzgruppenansatz zu nutzen, indem er sich auf (für dieses Angebot) vorteilhafte Erfahrungen und Äußerungen von Käufern bezieht, die einer Referenzgruppe des Kunden angehören.

Zum vorhergehenden Beispiel führt der Verkäufer dann etwa aus: „Ihr Kollege Meier im Nachbarort war zunächst genau der gleichen Meinung wie Sie, inzwischen hat er mir aber bestätigt, daß der Artikel sehr gut eingeschlagen ist."

Entlastungsmethode

Diese Methode vermag gute Dienste zu leisten, wenn der Kunde etwas offensichtlich Falsches als Einwand vorträgt. Der Verkäufer kann den Kunden dann von seinem Irrtum etwa dadurch entlasten, daß er eine der folgenden Wendungen gebraucht:

---

[25] J. L. Wage, Verkaufstechnik, a.a.O., S. 1031

„Genau diese Fehlinformation habe ich auch zunächst bekommen!"
oder
„Oh, da hat man Sie aber falsch informiert!"

Besonders kritisch sind Einwände, die nicht ausräumbar erscheinen, weil der Kunde z.B. auf einen objektiv schwachen Punkt in der angebotenen Leistung gestoßen ist. Die Richtigkeit derartig voll berechtigter Einwände bestreiten zu wollen, wäre vom Verkäufer ausgesprochen kurzsichtig. Da erstaunte Sprachlosigkeit aber sicher auch nicht weiterführt, suchen Verkaufsprofis sich dann über eine der folgenden Methoden zu helfen:

Kompensationsmethode

Der berechtigte Einwand soll durch Präsentation positiver Aspekte des Angebots ausgeglichen werden.

Wendet der PKW-Kunde beispielsweise ein, der Wagen verbrauche aber doch eine Menge Benzin, so könnte der Verkäufer etwa in folgender Form parieren: „Ja – er liegt etwas über dem allgemeinen Schnitt. Dafür haben Sie dann ja auch Beschleunigungswerte, die ihresgleichen suchen. Damit haben Sie ein Maß an aktiver Sicherheit..."

Umformulierungsmethode

Bei diesem Ansatz wiederholt der Verkäufer den Einwand in gemilderter Form; durch die Umformulierung soll der nicht bestreitbare Einwand an Schärfe verlieren.

Es wird eine Euphemisierung (= Beschönigung) versucht (klassisch: Umformulierung von ‚halbleer' in ‚halbvoll'):

Der vom Kunden getadelte teure/hohe Preis wird zunächst in einen ‚nicht niedrigen', im weiteren in einen relativ zur Leistung aber doch eher moderaten Preis umformuliert.

Aus dem Vorwurf ‚geringen Federungskomforts' bei einem PKW wird in der Verkäufersprache das ‚sportlich konsequente Fahrerlebnis'.

Kommt ein Einwand dem Verkäufer zeitlich sehr ungelegen, so kann er darum bitten, später darauf zurückkommen zu dürfen. Gelingt es zwischenzeitlich, das Angebot in der Einschätzung des Kunden positiv zu verankern, so wird der Einwand – falls er überhaupt noch einmal aufgegriffen werden muß – dann in einem anderen Licht erscheinen.

Hat der Verkäufer einen bestimmten Einwand mit hoher Wahrscheinlichkeit zu erwarten, so empfiehlt es sich für ihn, den Einwand selbst aufzunehmen, bevor der Kunde dies tut. Dem Nachteil, sich auf diese Weise eventuell doch vermeidbar gewesene Schwierigkeiten eingetragen zu haben, lassen sich zunächst als Vorteile gegenüberstellen:

– Das Manko des Angebots wird dem Käufer nicht so schwerwiegend erscheinen, wenn der Verkäufer es selbst anführt;
– der Verkäufer bewahrt sich die Chance, das Manko optimal verpackt ins Gespräch zu bringen.

Zudem ist in diesem Zusammenhang wichtig: Eine auch Gegenargumente einbeziehende Ansprache erweist sich grundsätzlich als glaubwürdiger und damit wirksamer als eine nur einseitige, auf Proargumente beschränkte Argumentation. Lediglich dann, wenn der Empfänger ein niedriges Bildungsniveau aufweist, von vornherein unkritisch der Proargumentation zuneigt und für ihn nachfolgend keine Konfrontation mit Gegenargumenten zu erwarten ist, empfiehlt sich eine einseitige Argumentation.[26]

6. Motive und Motivationen des Kunden aufnehmen

Im Rahmen der Ausführungen zur Motivtheorie wurden als ‚Motiv' die Bereitschaft eines Individuums zu einem bestimmten Verhalten und mit dem Begriff ‚Motivation' aktivierte Beweggründe des Verhaltens bezeichnet. Motive bilden damit die Grundlage für Motivationen. Der Verkäufer muß versuchen, sich in den Kunden und seinen Lebensraum hineinzuversetzen. Durch Beobachten des Kunden, durch Zuhören und durch Fragen an den Kunden sollte der Verkäufer sich **Vorstellungen von den Neigungen des jeweiligen Kunden verschaffen**. Diese Neigungen hat er in seine Argumentation aufzunehmen und zu Bedürfnissen auszubauen. Die aktivierten Motive (Bedürfnisse) sind dann vom Verkäufer so weit verstärkend zu behandeln, daß sich beim Kunden Kauflust herausbildet.

Anknüpfend an die Ausführungen zur Motivtheorie ist festzustellen, daß dem Verkäufer keine allgemein gültigen Motivlisten und/oder Motivrangordnungen zur Verfügung stehen. Die im folgenden näher erläuterten Motive lassen sich nicht in dem Sinne als wesentliche Motive einstufen, daß sie stets oder stets vor anderen Motiven verhaltensbestimmend sind, sondern lediglich als in dem Sinne wesentlich, daß sie bei einer Vielzahl von Kunden verhaltensrelevant sein werden und damit Kristallisationsformen darstellen.

Im weiteren sei bereits eingangs darauf hingewiesen, daß im einzelnen Kaufprozeß in aller Regel **mehrere Motive als unauflösbares Ganzes** wirken und damit auch im praktischen Verkaufsgespräch ineinanderfließen. Dies gilt auch für sog. rationale und emotionale Motive. Denn selbst beim Kauf von Investitionsgütern durch Industriekunden (professionelle Einkäufer) ist davon auszugehen, daß „die Motive einer Investition mehr oder weniger ‚rationell' oder ‚emotionell' bestimmt sein können."[27]

---

[26] Vgl. C. I. Hovland, I. J. Janis, H. H. Kelley, Communication and Persuasion, New Haven, London 1953, S. 110; A. Bänsch, Käuferverhalten, a.a.O., S. 62
[27] H. Kreikebaum, Das Prestigeelement im Investitionsverhalten, in: H. Kreikebaum, G. Rinsche, Das Prestigemotiv in Konsum und Investition, Berlin 1961, S. 33

Die folgende Erläuterung der generell in Betracht zu ziehenden Kaufmotive setzt zunächst beim physisch-funktionellen Rahmen der zu verkaufenden Leistung an. Der Verkäufer kann seine Darlegungen hier auf die

- Funktionsbreite
- Funktionsflexibilität
- Funktionsgenauigkeit
- Funktionskosten
- Funktionszeit
- Funktionsfähigkeitsdauer
- Funktionssicherheit
- Funktionsbequemlichkeit

der zu verkaufenden Leistung ausrichten.

Damit trifft er insbesondere auf das Motiv finanziellen Gewinns, das Motiv der Zeitersparnis, das Motiv der Sicherheit und das Motiv der Bequemlichkeit.

Gewinnmotiv (Kostensenkungs- und/oder Erlössteigerungsmotiv)

Hat der Verkäufer eine Leistung anzubieten, über die der Kunde eine oder mehrere der von ihm auszuübenden Funktionen kosten- und/oder erlösgünstiger oder eine neue Funktion mit Gewinnaussichten zu erfüllen vermag, so wird dies insbesondere dann stark motivieren, wenn der Kunde unter Wirtschaftlichkeits- und Rentabilitätsüberlegungen zu entscheiden gewöhnt oder gezwungen ist.

Es wäre so etwa beim Angebot eines Aggregates zu fragen, ob das Aggregat im Vergleich zu Konkurrenzprodukten flexibler einsetzbar ist, mit größerer Präzision arbeitet, Energie- und/oder Arbeitsverbräuche spart, den Leistungsprozeß verkürzt, eine höhere Lebenserwartung aufweist, geringere Ausfall- und/oder Unfallrisiken in sich birgt und/oder für die Arbeitskräfte Erleichterungen bringt. Gelingt es, diese Vorteile in effektiv zu erwartenden Kosteneinsparungs- und/oder Erlössteigerungswerten nachzuweisen, so sind damit Argumente verfügbar, die für den von Gewinnüberlegungen geleiteten Kunden starke Kaufanreize bilden.

Prinzipiell verwendbar erscheint dieser Argumentationsansatz auch gegenüber Privatkunden. Geht es z.B. um den Verkauf eines Rasenmähers, so kann der Verkäufer entsprechend die möglichen Kostenersparnisse und/oder Nutzengewinne einer bestimmten Marke auf Grund ihrer Einsatzflexibilität, ihrer präzisen, energiesparenden, schnellen, sicheren und/oder bequemen Arbeitsweise und/oder hohen Lebenserwartung hervorheben.

Das Motiv der Zeitersparnis, der Sicherheit und der Bequemlichkeit sind damit bereits als Aspekte des Gewinnmotivs erschienen. Wie sie sich speziell und auch ohne Ausdeutung in Kosten und/oder Erlöse (Nutzen) einsetzen lassen, sei im folgenden aufgezeigt.

Zeitersparnismotiv

Der Zeitaspekt erweist sich allgemein als zugkräftiger Argumentationspunkt, da es kaum einen Kunden gibt, der nicht für sich in Anspruch nimmt, vielbeschäftigt und zeitknapp zu sein.

In einigen Fällen mag es sich sogar empfehlen, dem Kunden zu unterstellen, seine Zeit sei ja sicher knapp bemessen. Dies wird seinem Selbstbewußtsein guttun, da man Zeitknappheit eben generell mit „bedeutungsvolle Persönlichkeit" assoziiert (umgekehrt: Wer genügend Zeit hat, kann nicht sonderlich bedeutend sein).

Der Verkäufer kann dann beispielsweise anführen: Wer so vielbeschäftigt ist wie Sie, der sucht natürlich nach jeder Möglichkeit zum Zeitsparen. Mit Hilfe dieses Gerätes werden Sie wieder stärker für wichtigere Dinge frei (oder bekommen endlich wieder etwas mehr Freizeit).

Sicherheitsmotiv

Das Bedürfnis nach Sicherheit und der damit zusammenhängende Wunsch nach Gesundheit gehören mit zu den stärksten Triebfedern menschlichen Handelns. Sie resultieren aus dem Streben nach Absicherung von Erreichtem und dem Selbsterhaltungstrieb. In Verkaufsgespräche lassen sich diese Bedürfnisse in vielfältiger Form einbauen, da es kaum ein Verkaufsobjekt gibt, das sich nicht auch unter Sicherheits- und/oder Gesundheitsaspekten beleuchten läßt. Der Verkäufer spricht dann nicht über irgendein Produkt oder irgendeine Dienstleistung, er verkauft vielmehr Vorsorge gegen die vielfältigen Gefahren des Lebens, er verkauft ‚Sicherheit' oder er verkauft ‚Gesundheit'. Dabei ist nicht nur der Selbsterhaltungstrieb des einzelnen Kunden ein ergiebiger Ansatzpunkt, es läßt sich auch an seine Verantwortung für die Umwelt, für seine Mitarbeiter, für seine Familie appellieren. Das Sicherheitsmotiv kann sich so z.B. als sehr wirkungsvoll beim Verkauf technischer Erzeugnisse erweisen, beim Verkauf elektrischer Geräte, beim Verkauf von Kraftfahrzeugen, Produktionsaggregaten und Küchengeräten, beim Verkauf von Versicherungen, aber auch beim Verkauf von Babyartikeln und Kinderspielzeug.

Für das Gesundheitsmotiv stellen sich praktisch überhaupt keine zwingenden Grenzen, folglich lassen sich nicht nur gesunde Ernährung, gesundes Wohnen und Schlafen, sondern beispielsweise auch gesunde Arbeit und Fortbewegung anpreisen und verkaufen.

Als besondere Frage ergibt sich in diesem Zusammenhang, ob und inwieweit der Verkäufer durch **Angstappelle** zum Kauf motivieren kann.

Einigkeit besteht darüber, daß Angstappelle zum Kauf einer bestimmten Leistung veranlassen können. Zur anzuratenden Intensität liegen unterschiedliche Untersuchungsergebnisse vor. Aus der klassischen Untersuchung von Janis und Feshbach[28] mit drei in der Angstauslösungsintensität abgestuften Appellen zur Zahnhygiene ergab sich zusammenfassend: Je größere Angst ausgelöst wird, desto geringer die Neigung, dem ausgesprochenen Appell zu folgen und desto größere Aufnahmebereitschaft für Gegeninformationen. Erklärung für diesen Zusammenhang ist die Annahme, starke Furchtappelle würden bei dem Beeinflußten sich gegenseitig hemmende Motivationen auslösen; die Angesprochenen würden den starken Angstappell durch Verniedlichung, Verharmlosung, durch aggressive Gefühle gegenüber dem Vortragenden oder Aufnahme von Gegeninformationen verdrängen. Aus dieser Untersuchung wäre generell abzuleiten, daß der Verkäufer sich mit Demonstrationen bedrohlicher Folgen für den Kunden bei Nichtkauf einer Leistung zurückhalten sollte.

Spätere Untersuchungen brachten jedoch keine Bestätigung dieses ‚Extrem'-Ergebnisses von Janis und Feshbach, sondern erklärten mittlere Furchterregungsgrade für optimal. Begründet wird diese Einschätzung von Ray und Wilkie[29] mit der Deutung, Furchtappelle würden als gegensätzliche Effekte einerseits die Aufmerksamkeit und das Interesse für die entsprechende Botschaft fördern, andererseits bei den Angesprochenen mit steigender Furchtintensität zunehmende Tendenz auslösen, die Botschaft abzuwehren. Bei zu schwachen Appellen wäre also mit zu geringer Aufmerksamkeit zu rechnen, zu starken Appellen würden sich die Empfänger dagegen entziehen.

Die darin erscheinende Widersprüchlichkeit zum Ergebnis von Janis und Feshbach und anderen Ergebnissen wird durch Belege dafür aufzulösen versucht, daß die von Janis und Feshbach als gering ausgewiesene Furchtintensität durchaus mindestens mittleren Graden in anderen Untersuchungen entsprochen habe.[30]

Der generelle Rat zu mittleren Furchtappellen erscheint auch durch die bereits angeführte Reaktanztheorie begründet, die als Folge aggressiver Beeinflussungsversuche Abwehr- und/oder Abkehrreaktionen des betroffenen Individuums erwarten läßt.

Zur Relativierung dieser generellen Empfehlung ist im weiteren jedoch insbesondere die Beachtung der folgenden **Situationsbedingungen** anzuraten:

(1) Reaktionsmöglichkeit der Empfänger
(2) Themenrelevanz für den Empfänger
(3) Selbstvertrauen des Empfängers
(4) Ängstlichkeitsniveau des Empfängers.

---

[28] Vgl. I. I. Janis, S. Feshbach, Auswirkungen angsterregender Kommunikation, wiederabgedruckt in: Texte aus der experimentellen Sozialpsychologie, hrsg. v. H. Maus u.a., Neuwied u.a., S. 224ff.
[29] Vgl. M. L. Ray, W. L. Wilkie, Fear: The potential of an appeal neglected by marketing, in: Journal of Marketing, Jg. 34 (Jan. 1970), S. 55f.
[30] Vgl. M. L. Ray, W. L. Wilkie, a.a.O., S. 57

Zu (1):

Im Falle der Untersuchung von Janis und Feshbach beispielsweise hatten die Versuchspersonen keine Möglichkeit, ihr Bedürfnis nach Beruhigung adäquat zu befriedigen. Eine dadurch ausgelöste anhaltende defensive Vermeidung wird von Janis und Feshbach selbst als eine wesentliche Ursache für die geringe Wirksamkeit ihres intensivsten Angstappells angegeben.[31] Kann man über das offerierte Leistungsangebot dagegen unmittelbar volle Angstbeseitigung bieten (z.B. durch sofort wirksam werdende Versicherung, sofortigen Einbau von Feuerlöschanlagen), so könnte der stärker ausgelegte Angstappell opportun sein. Je länger jedoch die Lieferfrist oder die Frist bis zum Wirksamwerden des ‚Beruhigungsangebots', desto stärker wäre von intensiven Angstappellen abzuraten.

Zu (2):

Je wichtiger die Thematik für den Empfänger ist, als desto niedriger liegend wird der optimale Intensitätsgrad der Furchterregung eingeschätzt.[32] Wird Themenrelevanz in diesem Zusammenhang als am Thema interessiert, für das Thema (bereits vor dem Furchtappell) sensibel interpretiert, so erscheint plausibel, daß die damit anzunehmende Voraus-Erregung bis zum Optimalgrad lediglich noch geringer Stimulanz bedarf; zu starke Stimulierung würde die aus Überreizung resultierenden Abkehr- und Abwehrhaltungen wahrscheinlich werden lassen.

Zu (3):

Sternthal und Craig[33] konnten belegen, daß starke Furchtappelle bei Personen geringen Selbstvertrauens geringe Wirkungen, bei Personen hohen Selbstvertrauens dagegen stärkere Wirkungen in der gewünschten Richtung zeigen. Während bei Personen mit niedrigem Selbstvertrauen also eher Ausweich- und Abwehrreaktionen gegenüber der Botschaft auftraten, zeigten mit starkem Selbstvertrauen ausgestattete Personen eher die Tendenz, sich der Botschaft durch botschaftsgemäße Verhaltensweisen zu stellen.

Zu (4):

In die gleiche Richtung gehen festgestellte Zusammenhänge zwischen ursprünglichem Angstniveau der Beeinflußten und der Wirksamkeit unterschiedlich intensiver Angstappelle. So konstatiert Teigeler[34]: „Auf geringem Niveau anfänglicher Beunruhigung bewirkt eine steigende Furchterregung meist eine entsprechende Meinungsänderung, aber mit höherem ursprünglichem Angstniveau der Versuchspersonen wird durch weitere Furchterregung eine Meinungsänderung eher verhindert."

---

[31] Vgl. I. I. Janis, S. Feshbach, a.a.O., S. 251
[32] Vgl. H. Mayer, A. Beiter-Rother, Konsequenzen furcht- und angstinduzierender Kommunikation, in: Jahrbuch der Absatz- und Verbrauchsforschung, Jg. 26 (1980), S. 336
[33] B. Sternthal, C. S. Craig, Fear appeals: Revisited and revised, in: Journal of Consumer Research, Jg. 1 (Dec. 1974), S. 27f.
[34] P. Teigeler, a.a.O., S. 95

Wollte der Verkäufer diese Erkenntnis umsetzen, müßte er in der Lage sein, das Ängstlichkeitsniveau des Kunden abzuschätzen. Er könnte dann bei Kunden, die einen geringen Grad an Beunruhigung oder kein Risikobewußtsein zeigen, über starke Furchtappelle zu motivieren versuchen, und hätte sich bei Kunden mit bereits bis zur Angst ausgeprägtem Risikobewußtsein auf behutsame Appelle zu beschränken. Entsprechend ließen sich um ihre Gesundheit bangende Personen eventuell bereits durch schwache Angstappelle zum Kauf eines Gesundheitspräparates veranlassen, während gegenüber Personen, die sich gegenüber Krankheiten für gefeit halten, wohl erst starke Angstappelle Wirksamkeit versprächen.

Bequemlichkeitsmotiv

Die Einstufung einer Person unter ‚bequemer Mensch' gilt zwar zumindest in Deutschland nicht als Auszeichnung, das Streben nach Bequemlichkeit ist jedoch ein Grundstreben des Menschen. Nicht mehr Kräfte einzusetzen, nicht mehr Mühen auf sich zu nehmen als unbedingt notwendig, ist eine Grundmaxime menschlichen Handelns. Folglich wird der Verkäufer auf relativ stark ausgeprägte Dispositionen beim Kunden treffen, wenn er mit der angebotenen Leistung Bequemlichkeitsgewinne für den Kunden verbindet. Daß die so angelegte Argumentation den Kunden nicht belasten darf, erklärt sich aus der Eingangsbemerkung; um es kraß zu verdeutlichen: Es dürfen vom Verkäufer keine Formulierungen kommen, die den Kunden in den Verdacht der „Faulheit" bringen. Angezeigt ist also eine Interpretation in Richtung auf Rationalität durch Kräfte-, Zeit- oder Kostenersparnis. Die folgenden Formulierungen bilden Beispiele für entsprechende ‚Läuterungen' des Bequemlichkeitstriebes:

„Ihre Familie wird es Ihnen danken, wenn Sie sich ihr dann künftig wieder stärker widmen können."
„Sie werden dann für wichtige andere Aufgaben frei und brauchen sich dieser zeitraubenden und nerventötenden Routinetätigkeit nicht mehr zu widmen."
„Wenn jemand so schwer arbeitet wie Sie, hat er wirklich Anspruch auf Arbeitserleichterung, wo sie geboten werden kann!"

Erscheint es dem Verkäufer zweckmäßig, auf die sozialen Eigenschaften der zu veräußernden Leistung Bezug zu nehmen, so wird er insbesondere an das Geltungs- und Nachahmungsmotiv appellieren.

Geltungsmotiv

Das Geltungsmotiv ist als ein allen Menschen gemeinsames Motiv zu sehen.[35] Man will etwas gelten, man will als Person anerkannt und gewürdigt werden, man möchte Wertschätzung für seine Person.

In nicht wenigen Fällen reicht dieses Motiv soweit, daß Neigungen zu einer zumindest ansatzweisen Hochstapelei auftreten.

---
[35] Vgl. G. Wiswede, Motivation, a.a.O., S. 72

Fast alle Menschen sind jedoch in dieser Hinsicht auch insofern besonders empfindlich, als sie sich diese Neigung selbst nicht gern eingestehen und gegenüber der Umwelt im allgemeinen somit schon gar nicht als geltungsbedürftig erscheinen wollen.

Für die praktische Verkaufsarbeit bedeutet dies, daß der Geltungstrieb offenbar nicht direkt angesprochen werden darf, da dies den Kunden belasten würde. Statt dessen wird empfohlen, eine „emotionale Verknüpfung der Persönlichkeit des Kaufenden mit der Bedeutung und mit dem ‚Persönlichkeitstypus' der angebotenen Ware"[36] herzustellen. Dies kann je nach dem Produkt und der Situation etwa über folgende Wendungen gelingen:

„Das paßt sicher nicht für jeden, aber bei Ihnen ..."
„Wer soviel auf Reisen ist wie Sie, der ..."
„Wer derart angespannt zu arbeiten hat wie Sie, der benötigt schon ..."
„Man wird Ihren guten Geschmack allgemein bewundern, wenn ..."

Es bedeutet generell eine Ansprache des Geltungsbedürfnisses, wenn der Verkäufer dem Kunden nicht irgendeine Ware in ihren sachlichen Funktionen zu verkaufen versucht, sondern den Kunden Möglichkeiten sehen läßt, über den Erwerb der angebotenen Leistung Bedeutung und Ansehen, Einfluß und Prestige, Autorität und Reputation zu gewinnen. Wie zur Gruppenforschung und Rollentheorie festgestellt wurde, erscheint dies grundsätzlich bei den sog. auffälligen Leistungen möglich. D.h., bei Leistungen, die von anderen wahrgenommen und identifiziert werden können und bei diesen anderen mit hoher Wahrscheinlichkeit tatsächliche Beachtung finden. Entsprechend bildet das Geltungsbedürfnis die Argumentationsbasis, wenn ein Verkäufer seinem Kunden „die Befriedigung seiner – sachlichen oder persönlichen – Eitelkeit, ... die bewundernden oder auch etwas neidvollen Blicke seiner Nachbarn oder Freunde"[37] zu verkaufen sucht.

Im Zusammenhang mit dem Geltungstrieb spielt das Bedürfnis, modern und fortschrittlich zu erscheinen, eine wesentliche Rolle. ‚Mode', ‚modisch', ‚modern' sind Reizworte, die bei nicht wenigen Kunden Kauflust wecken oder stimulieren können. Der kurze Satz „Das ist jetzt modern!" löst – mit entsprechender Autorität gesprochen – bei dieser Kundenkategorie Kaufanreize aus, die in dieser Stärke durch andere Ansprachen nicht erreichbar sind.

Erscheint ‚Modernität' jedoch für den betreffenden Kundentyp als ein zu stark in die Irrationalität weisender Ansatz oder gar als ein Ansatz, der sein Geltungsstreben angreifen könnte (bei Personen, die sich über Modetrends erhaben geben wollen), so hilft eventuell das Reizwort ‚fortschrittlich' weiter. Denn ‚fortschrittlich' zu sein, als ‚fortschrittlich' angesehen zu werden, vermag unbelastet von den Eitelkeitsattitüden, die der Mode häufig anhängen, Geltung einzutragen. Entsprechend sind auch im Verkaufsgespräch Wendun-

---

[36] H. Kirchhoff, a.a.O., S. 184
[37] A. Stangl, a.a.O., S. 122

gen für die Weckung und Stimulierung von Kaufanreizen erfolgversprechend, wie sie in der Werbung etwa in folgenden Slogans zum Ausdruck kommen:
Der fortschrittliche Haushalt ... / der fortschrittliche Mensch kommt ohne ... nicht mehr aus.

Nachahmungstrieb

Der Nachahmungstrieb, den auch die Werbung in Form der Leitbildwerbung in starkem Maße benutzt, ist vom Geltungstrieb kaum zu isolieren. Dies erklärt sich aus der Doppelnatur des Geltungstriebes, die sich als Streben nach Abhebung und Anpassung äußert.[38]

Will sich eine Person Geltung verschaffen oder Geltungseinbußen vermeiden, so muß sie sich an dem orientieren, was ihre Umwelt meint und demonstriert. Geltungseinbußen erscheinen von daher vermeidbar, wenn man mit der sozial gleichgestellten Umwelt (den Freunden und Nachbarn) mithält. Geltungsgewinne sind erzielbar, wenn man sich den in der gesellschaftlichen Rangordnung Höherstehenden nähert oder sie gar einholt.

Der aus dem Nachahmungsmotiv für die praktische Verkaufsarbeit ableitbare Nutzen ist bereits bei Darlegung der Referenzmethode angeklungen. Werden vom Verkäufer ins Verkaufsgespräch etwa Wendungen folgender Art aufgenommen:
„Ihr Kollege Meier arbeitet mit diesem Gerät zu seiner vollen Zufriedenheit!"
oder
„Der Herr Dr. Müller hat auch sofort zugegriffen!"
so lassen sich dadurch eventuell erhebliche Kaufantriebe freisetzen.

Verkaufsprofis arbeiten entsprechend mit Referenzlisten und verwenden zur Not auch viel Zeit und hohe Kosten darauf, ihnen wichtig erscheinende Personen auf diese Referenzlisten zu bekommen. Gelingt es nämlich einem Verkäufer landwirtschaftlicher Geräte beispielsweise, den Meinungsführer einer Gruppe zum Kauf einer bestimmten Maschine zu veranlassen, so wird dies seine weiteren Verkaufsanstrengungen in der betreffenden Gruppe beträchtlich erleichtern.

Ökologiemotiv

Das steigende ökologische Bewußtsein in der Gesamtbevölkerung führt dazu, daß Käufe ebenfalls zunehmend unter Berücksichtigung ökologischer Aspekte getätigt werden.

Dem Nachfragesegment der sog. Öko-Freaks sind ökologische Belange sogar in dem Maße wichtig geworden, daß die Ökologieverträglichkeit von Produkten das dominierende Beurteilungs- und Wahlkriterium bildet. Bestimmte Produktkategorien oder -marken haben bei den Öko-Freaks überhaupt keine Chance, weil sie diese als ökologisch nicht mehr tolerierbar einstufen.

---

[38] Vgl. G. Wiswede, Soziologie, a.a.O., S. 161

Stehen ökologieverträgliche Substitute nicht zur Verfügung, so verzichtet diese Gruppe potentieller Nachfrager völlig und fällt damit für Käufe aus.

Im Gegensatz zum Segment der Öko-Freaks (Umweltaktive) spielt für das Segment der mehr oder weniger umweltaufgeschlossenen Nachfrager das Ökologiemotiv noch keine zentrale Rolle. Diese Gruppe zeigt sich aber für umweltbezogene Argumentationen zumindest in der Form zugänglich, daß belegte Ökologiefreundlichkeit für sie einen relevanten Zusatznutzen darstellt, der den Ausschlag für eine bestimmte Angebotsalternative geben kann.

Abwechslungsmotiv

Auch das Bedürfnis nach Abwechslung gilt als menschliches Grundbedürfnis. Reizmonotone Situationen, Objekte und Personen werden zumindest nach bestimmter Zeit als reizlos (im Sinne von unattraktiv, uninteressant, langweilig) empfunden. Es entsteht das Bedürfnis nach Reizvariation und damit Empfänglichkeit/Offenheit für neue Reize, zumindest für Reizwechsel. Diese in ihrer Intensität individuell unterschiedlich ausgeprägte Verhaltensneigung wird sich prinzipiell auch im Konsumverhalten äußern. Nicht selten erscheint der Konsumbereich sogar im besonderen Maße als das Realisationsfeld für diese Bedürfniskategorie, weil die sonstige allgemeine Lebenssituation bestimmten Personen nur besonders geringe Abwechslung eröffnet (Reizlosigkeit oder -armut der Arbeits-, Wohn- und Sozialsituation). Man ist dann besonders offen für Reizwechsel, die modisch variierte Produkte (u.a. Bekleidung, Schmuck, Brillen), mehr oder weniger neue Produkte (u.a. neue PKW-Modelle, neue Sport- und Freizeitangebote, neue Urlaubsangebote) und/ oder geschmacklich variierte Produkte (u.a. neue Geschmacksrichtungen bei Getränken, Yoghurts, Schokolade, Eis) bieten.

Können Verkäufer mit Leistungsangeboten Reizwechsel gegenüber vorherigen Angeboten verbinden, so kann sich dies als **das** Verkaufsargument erweisen. Umgekehrt können sich jedenfalls in den vom Abwechslungsbedürfnis besonders betroffenen Leistungskategorien die Verkaufschancen drastisch reduzieren, wenn man keine Reizwechsel zu präsentieren vermag.

Als vom Abwechslungsstreben besonders betroffen gelten ‚sinnesintensive' Produkte. Dabei handelt es sich um Produkte, die einen oder mehrere menschliche Sinne so bewußt ‚beschäftigen' können, daß es bei ihnen auch entsprechend schnell zu sinnlichen Abnutzungserscheinungen kommt: Mag man das betroffene Produkt dann nicht mehr sehen (z.B. Bekleidung) oder nicht mehr sehen, riechen und schmecken (z.B. bestimmtes Nahrungsmittel), so kann unmittelbar aktive Suche nach Abwechslung eintreten.[39]

---

[39] Vgl. im weiteren A. Bänsch, Variety seeking – Marketingfolgerungen aus Überlegungen und Untersuchungen zum Abwechslungsbedürfnis von Konsumenten, in: Jahrbuch der Absatz- und Verbrauchsforschung, Jg. 41 (1995)

Mit den vorstehenden Darlegungen zu generell wesentlich erscheinenden Motiven ist die Motivationsstruktur, die im einzelnen wirksam sein und vom Verkäufer genutzt werden kann, keinesfalls voll ausgeleuchtet.

Wie zur Motivtheorie festgestellt wurde, lassen sich abschließende Kataloge nicht erstellen, da menschliches Verhalten von formbaren und entwicklungsfähigen Motivationen bestimmt wird. Es hängt vom jeweiligen Interaktionspartner (Kunden) ab, welche Motive vom Verkäufer in welcher Abstufung aufzugreifen sind.

Der allgemeine Grundsatz für den Verkäufer lautet jedenfalls: Nicht phantasielos um den Verkauf der Ware an sich bemühen, sondern die Ware in die Bedeutung einhüllen und in das Licht stellen, die der Motivationsstruktur des jeweiligen Kunden entsprechen. Der Verkäufer hat also in bestimmten Fällen persönliche Geltung und Bedeutung, bewundernde Blicke der Nachbarn, Erweiterungen des Lebensbereiches, Gesundheit und Sicherheit, Glück und Bequemlichkeit, Freude und Liebe zu verkaufen. Der Verkäufer hat die Zusammenhänge zwischen der nackten Leistung und derartigen begehrenswerten Dingen aufzuzeigen, er darf dem Kunden nicht die Ware an sich anpreisen, sondern hat sie in die jeweiligen Vorstellungsbilder hineinzustellen.

Entsprechend wird der Verkäufer von Investitionsgütern dann z.B. nicht die Maschine xy an sich anbieten, er läßt den Kunden vielmehr Zeit- und Kostenvorteile, Gewinne an Modernität, Sicherheit und Flexibilität oder auch Achtung durch Kollegen und Konkurrenten in der betreffenden Maschine sehen.

Zu warnen ist jedoch auch in diesem Zusammenhang davor, beim Käufer überzogene Vorstellungen hinsichtlich des aus der betreffenden Leistung zu erwartenden Nutzens (Kostenvorteil, Zeitvorteil, Prestigegewinn usw.) zu wecken. Denn daraus werden beim Käufer Nachkauf-Dissonanzen begründet, die eine weitere Zusammenarbeit zumindest belasten.

Unterliegt der Kunde mehreren widerstreitenden Motiven, so sollte der Verkäufer (entsprechend den Ausführungen zu Rollenkonflikten) versuchen, das dominierende Motiv herauszufiltern, und dieses Motiv dann entsprechend in den Mittelpunkt seiner Argumentation stellen.

III. Preisargumentation

a) Grundregeln der Preisargumentation

Für die zu verkaufenden Leistungen soll ein bestimmter Preis erzielt werden. Der Käufer hat also letztlich eine bestimmte (normalerweise geldliche) Gegenleistung zu entrichten. Obwohl dies sowohl dem Verkäufer als auch dem Käufer von vornherein bekannt ist, muß der Verkäufer generell versuchen, die **Frage des Preises möglichst weit ans Ende des Verkaufsgespräches** zu verlagern. Eine grundsätzliche Ausnahme bietet lediglich der Fall, in dem die Attraktivität der angebotenen Leistung insbesondere im günstigen Preis zu sehen ist. Liegt dieser Fall nicht vor, so bildet das Preisgespräch eine besonders kritische Phase der Geschäftsverhandlungen, denn in dieser Phase droht aus der aufgebauten und gepflegten Gesprächspartnerschaft eine Gegnerschaft zu werden. So aufgeschlossen der Kunde dem Gespräch und den Argumentationen zuvor gefolgt sein mag, er würde gegen seine eigenen Interessen handeln, wenn er die aufgeschlossene oder gar entgegenkommende Haltung auch bei den Preisverhandlungen beibehielte.

Es ist folglich für den Verkäufer doppelt wichtig, die Preisfrage hinzuhalten und damit eine frühe Gegnerschaft zu vermeiden. Denn dadurch wahrt er sich einerseits überhaupt die Chancen für das (weitere) Verkaufsgespräch (sonst Gefahr des Abbruchs aufgrund eines Preisschocks), andererseits sorgt er durch einen die Leistungswerte für den Käufer betonenden Vorbau dafür, daß die „Gegnerschaft" milder ausfällt.

Der Preis sollte also grundsätzlich erst dann ins Gespräch kommen, wenn Anzeichen dafür bestehen, daß der Kunde sich mit der demonstrierten Leistung zu identifizieren beginnt. Zunächst ist der Wert der Leistung für den Kunden darzulegen; dem Kunden sollten alle Vorteile, die sich für ihn aus der Leistung ergeben, bewußt geworden sein. Indem ihm der Nutzen der Leistung für seine Person oder sein Unternehmen möglichst plastisch vor Augen geführt worden ist, wurde dem Preisschock vorgebeugt oder ihm zumindest die Schärfe genommen. Eventuell kann es sogar gelungen sein, beim Kunden eine so hohe Wertvorstellung aufzubauen, daß er den Preis, den er bei sofortiger Nennung vielleicht als ausgesprochen hoch empfunden hätte, nun als positive Überraschung aufnimmt. Denn er hat sich bei einem derartigen Wert auf einen relativ hohen Preis einzustellen begonnen.

Es gehört somit zur Aufgabe des Verkäufers, den **Preis nicht isoliert** und damit absolut **wirken zu lassen**, sondern den Preis eingepackt in den sich eröffnenden Nutzen und damit relativiert zu präsentieren. **Je wertvoller die zu veräußernde Leistung dem Kunden erscheint, desto preisgünstiger wird sie sich ihm darstellen.** Es gilt also zunächst einmal, den Wunsch oder das Verlangen des Kunden nach der betreffenden Leistung zu stimulieren. Wird der Preis dem Kunden zu früh bekannt, ist der Kunde – wenn nicht gar völlig gesperrt –, so aber doch erheblich vermindert aufnahmefähig für die (bei den Kaufmotivationen des Kunden ansetzenden) Argumentationen des Verkäufers. Stangl drückt dies bildlich folgendermaßen aus: „Sonst dreht sich im Gehirn des Kunden unablässig das Mühlrad: ‚Aber der Preis, aber der Preis!'"[40]

Goldmann unterscheidet in diesem Zusammenhang „preispositive" und „preisnegative" Waren.[41] **Preispositive** Waren sind dadurch gekennzeichnet, daß sie in der individuellen Wertskala des Kunden oben rangieren, es sind stark erwünschte Waren. Bei diesen Waren zeigt der Preis die für den Verkäu-

---

[40] A. Stangl, a.a.O., S. 137
[41] Vgl. H. M. Goldmann, a.a.O., S. 81

fer erfreuliche Tendenz, wenig bis gar nicht ins Gewicht zu fallen; der Preis ist ein nachrangiger, eventuell sogar völlig belangloser Faktor, der vom Kunden einfach hingenommen wird.

Beim Erwerb von Hobbyartikeln, von Kosmetika, von Einrichtungsgegenständen für das eigene Büro kann diese positive Tendenz beispielsweise erkennbar sein.

Mit anderen Leistungen dagegen, etwa Wartungs-, Reparatur- oder Versicherungsleistungen, verbindet sich eine **preisnegative Tendenz**, da man sie generell als unnotwendig oder als notwendiges Übel empfindet.

Der Verkäufer hat dann offenbar die Aufgabe, die preisnegative Leistung preispositiv erscheinen zu lassen. Dazu muß er – wie vorhergehend dargestellt – dem Kunden eine möglichst hohe Wertvorstellung von der betreffenden Leistung vermitteln und die Leistung entsprechend in der persönlichen Wertskala des Kunden anheben. Im Falle von Wartungsleistungen hat der Verkäufer also beispielsweise darauf hinzuweisen, daß die betreffende Maschine durch eine regelmäßige Wartung nicht nur stets in ihrem vollen Einsatzwert zur Verfügung stehen wird, sondern auch mit Sicherheit eine längere Lebensdauer und einen höheren Wiederverkaufswert erhält. Es ist auf die sonst gegebenen Risiken eines Betriebsmittelausfalls mit den Negativfolgen der Betriebsprozeßunterbrechung, der Stillstandskosten, des Lieferverzuges und der daraus entstehenden Verärgerungen bei den Abnehmern hinzuweisen. Auf diese oder ähnliche Weise ließe sich eine zunächst preisnegative Leistung preispositiv gestalten.

Dafür benötigt der Verkäufer einige Zeit. Kommt die Frage nach dem Preis von seiten des Kunden zu früh, sollte der Verkäufer folglich versuchen, das Preisgespräch hinauszuschieben.

Für die Preisrückstellung sind folgende Methoden gebräuchlich:

Überhören

Der Verkäufer fährt unbeirrt durch die Frage des Kunden in seinem Konzept des Wertaufbaus fort.

Rückstellung erbitten

Der Verkäufer nimmt die Frage lediglich in der Form auf, daß er darum bittet, „auf diese Frage gleich zurückkommen zu dürfen".

Ablenkung durch Gegenfragen

Der Verkäufer zieht sich in Richtung auf „Das kommt ganz darauf an" zurück und formuliert beispielsweise: „Gestatten Sie in diesem Zusammenhang bitte noch eine Frage! Neigen Sie eher zur Ausführung E oder zur Ausführung S? Die Ausführung S, die durch ... gekennzeichnet ist, würde in Ihrem speziellen Fall noch folgende Zusatzvorzüge ...".

Da insbesondere der erstgenannte Ansatz den Kunden dazu provozieren mag, auf sofortiger Beantwortung seiner Frage zu bestehen, wird sich diese

Methode nur in wenigen Situationen empfehlen. Greifen auch die anderen beiden Methoden nicht, fordert der Kunde also unmittelbar Beantwortung seiner Frage, so hat der Verkäufer auf den Preis einzugehen. Geschieht dies nicht, wird der Kunde zu der Ansicht kommen, er habe einen besonders schwachen Punkt getroffen und der Verkäufer habe bezüglich des Preises ein schlechtes Gewissen.

Sieht sich der Verkäufer also vorzeitig zum Eingehen auf die Preisfrage gezwungen, so sollte er insofern noch etwas zu retten versuchen, daß er dem Preis zumindest eine besondere **„Anti-Schock-Verpackung"** gibt und dann beispielsweise formuliert:

„Den Preis muß man im Verhältnis zur Lebensdauer des Aggregates sehen, die man nach allen vorliegenden Erfahrungen auf mindestens 10 Jahre veranschlagen kann. Sehen Sie bitte auch den Rationalisierungs- und Kosteneinsparungseffekt bei Material-, Energie- und Lohnkosten, den sie beim Einsatz dieses Aggregates erzielen. Man kann folglich den Preis von 9 800,– DM nur als günstig ansehen, da er in Ihrem Unternehmen bereits nach weniger als einem Jahr herausgewirtschaftet ist. Danach bringt Ihnen das Aggregat nur noch Reingewinne."

Läßt der Verkäufer dann keine zu große Pause eintreten, fährt er vielmehr in seinem Gesprächskonzept fort, so gibt er dem Kunden keine Gelegenheit, sich auf den Preis zu konzentrieren. Der Preis ist zwar genannt worden, der Preisschock konnte jedoch wahrscheinlich vermieden werden.

Im genannten Beispiel wurde auch bereits ein entscheidendes Grundprinzip der Preisnennung deutlich, nämlich die **Preisinformation in Mittelposition zu bringen.** Denn bei Präsentation eines bestimmten Informationsblockes haben grundsätzlich die Eingangs- und die Schlußinformationen die größte Wirkung auf den Informationsempfänger, diese Informationen haften am stärksten.[42] Bringt man die Preisinformation also in Mittellage, so tritt sie in ihrer Wirkung zurück, der eventuelle Preisschock trifft vermindert.

b) Techniken in der Preisargumentation

Generell lassen sich bei der Preisnennung (d.h. sowohl bei der vorzeitig erzwungenen als auch bei der plangemäßen) folgende Ansätze nutzen, um den gefürchteten Preisschock zu vermeiden oder möglichst gering ausfallen zu lassen:

Optische Verkleinerung

Es wird nicht der absolute Preis für die übliche Menge angeführt, sondern der freundlicher erscheinende Preis für eine kleinere Menge. Sollten also Abnahmen in Tonnen- oder Tausendereinheiten üblich sein, so werden die Kilogramm- oder die Stückpreise genannt.

---

[42] Vgl. J. H. Weiser, Verkaufstechniken, in: Marketing-Enzyklopädie, Bd. 3, München 1975, S. 571

In die gleiche Richtung geht die Angabe der Kosten, die sich für eine Nutzungseinheit ergeben würden. Die Preisinformation lautet dann z.B.: „Der einzelne Tonnenkilometer kostet Sie bei diesem Transportsystem nur 33 Pfennig!" oder „Das einzelne Schaumbad kostet Sie nicht einmal 20 Pfennige!" oder „Der Quadratmeter Wohnungseigentum kostet lediglich 1 480,– DM!"

Semantische (= Sprachliche) Verkleinerung

In Verbindung mit den Beiworten ‚nur‘, ‚lediglich‘, ‚nicht mehr als‘, wird von Discount-, Fabrik-, Gelegenheits-, Nimm-mit-, Schotten-, Sonder-, Spar-, Tiefstpreis u.ä.m. mehr gesprochen. Wie die auf S. 83 folgende Auflistung von Beispielen zeigt, sind der Phantasie dabei kaum Grenzen gesetzt.

Zur Kategorie ‚Sprachliche Verkleinerung‘ gehört auch, Tausenderdimensionen akustisch zu vermeiden. Bei einem Preis von beispielsweise 1 400,– spricht der Verkäufer also von ‚Vierzehnhundert‘ (und nicht von Eintausendundvierhundert).

Vergleichsmethode

Der Preis für das in Frage stehende Objekt wird gegen erheblich teurere Varianten gestellt und erscheint dadurch nicht mehr so hoch. Der Verkäufer formuliert beispielsweise: „Sehen Sie hier das Modell SE, dafür wären 14 980,– DM zu zahlen. Nun vergleichen Sie doch einmal mit dem Modell, das Ihren Vorstellungen und Wünschen entspricht. Die funktionellen Unterschiede sind gering, die Ausstattungsunterschiede unwesentlich, Sie bekommen dieses Modell aber bereits für nur 11 500,– DM. Sie haben also bei einem voll auf Ihre Ansprüche zugeschnittenen Modell eine Ersparnis von rund 3 500,– DM!"

Subtraktionsmethode

Diese Methode bietet sich u.a. bei der Inzahlungnahme von Altgeräten an. In derartigen Fällen operiert der Verkäufer dann lediglich mit dem Nettopreis, der nach Abzug des Inzahlungnahmewertes für das Altgerät verbleibt. Kostet ein Neugerät also beispielsweise 1 880,– DM und ist der Verkäufer bereit, ein Altgerät mit 400,– DM in Zahlung zu nehmen, so spricht er dem Kunden gegenüber nur noch von 1 480,– DM.

In ähnliche Richtung geht die Praktik, vom zu zahlenden Endpreis die Mehrwertsteuer abzuziehen und nur den Preis ohne Mehrwertsteuer zu nennen.

Zu dieser ‚Mehrwertsteuer-Praktik‘ sei jedoch warnend angemerkt, daß der Käufer nach deutscher Rechtsauffassung Preisangaben als inklusive Mehrwertsteuer auslegen kann, solange der Verkäufer nicht ausdrücklich anderes vermerkt.

Beispiele sprachlicher Preisverkleinerungen

Abholpreis	Juniorenpreis	Restepreis
Abräumpreis		
Abschlagspreis	Kampfpreis	Schleuderpreis
Aktionspreis	Kaum-zu-glauben-Preis	Schnäppchenpreis
Alles-raus-Preis	Kennenlern-Preis	Schnupperpreis
Angebotspreis	Kleinpreis	Schockpreis
Aufwandspreis	Knallpreis	Schottenpreis
Auslaufpreis	Knappstpreis	Schülerpreis
Ausnahmepreis	Knüllerpreis	Seniorenpreis
Ausstellungspreis	Kombinationspreis	Sensationspreis
Ausverkaufspreis	Kostenpreis	Solidaritätspreis
		Sommerlochpreis
Basarpreis	Last-minute-Preis	Sonderpreis
Billig(st)preis	Liliputpreis	Sonderangebotspreis
	Liquidationspreis	Sortimentspreis
Cloupreis	Lukrativpreis	Sozialpreis
Clubpreis		Sparpreis
	Megabillig(st)preis	Spendierpreis
Dankeschön-Preis	Megavorteilspreis	Spezialpreis
Discountpreis	Messepreis	Spottpreis
Dumpingpreis	Mikropreis	Startpreis
	Minipreis	Studentenpreis
Einführungspreis	Minimalpreis	Subskriptionspreis
Einmaligkeitspreis	Mitgliedspreis	Subventionspreis
Einstiegspreis	Mitnahmepreis	Super(tiefst)preis
Empfehlungspreis	Mitnehmpreis	Sympathiepreis
Ermäßigungspreis		
Eröffnungspreis	Nachlaßpreis	Testpreis
Erzeugerpreis	Nachsaisonpreis	Tief(st)preis
Extrapreis	Niedrig(st)preis	Traumpreis
	Nimm-mit-Preis	Treuepreis
Fabrikpreis		
Freundschaftspreis	Offensivpreis	Überraschungspreis
Frohsinnspreis	Offertenpreis	Umbaupreis
Früh-Bestell-Preis	Okkasionspreis	
Für-Sie-Preis		Verbundpreis
	Partiepreis	Vergünstigungspreis
Gelegenheitspreis	Partner(schafts)preis	Vorsaisonpreis
Großanbieterpreis	Pauschalpreis	Vorteilspreis
Großhandelspreis	Probierpreis	Vorzugspreis
Gute-Laune-Preis	Prüfpreis	
	Purzelpreis	Wahnsinnspreis
Herstellerpreis		Werbepreis
Hörerpreis	Qualitätspreis	Werkspreis
		Wunderpreis
Informationspreis	Rabattpreis	
Inventurpreis	Radikalpreis	Zauberpreis
	Räumungspreis	Zugreifpreis
Jubelpreis	Reduktionspreis	Zupackpreis
Jubiläumspreis	Rentnerpreis	Zwischensaisonpreis

Bagatellisierungsmethode

Bestehen zwischen konkurrierenden Angeboten lediglich relativ geringfügige Preisunterschiede, so hat der Verkäufer diese Unterschiede zu bagatellisieren, um daraus entstehende Kaufhemmnisse zu beseitigen.

Kostet das Konkurrenzgerät also beispielsweise 670,– DM gegenüber 695,– DM bei dem zu verkaufenden Gerät, so kann der Verkäufer z.B. folgendermaßen argumentieren: „Wenn Sie sich noch einmal in Ruhe überlegen, welche Vorteile dieses Gerät für Ihre speziellen Zwecke aufweist, welche Rolle spielen dann eigentlich die kleinen 25,– DM Preisunterschied. Die haben Sie doch in einer Woche voller Zufriedenheit mit diesem Gerät bereits völlig vergessen! Es würde Ihnen doch nichts einbringen, wenn Sie sich mit dem für Sie ungeeigneten anderen Gerät herumärgern müßten."

Zerlegungsmethode

Die angebotene Gesamtleistung wird in Teilleistungen zerlegt; zur Sprache kommen dann lediglich die für sich jeweils relativ freundlich erscheinenden Teilpreise; der Gesamtpreis bleibt möglichst völlig ungenannt.

Diese Methode erfreute und erfreut sich in zahlreichen Branchen bei den Verkäufern großer Beliebtheit; es werden z.B. recht freundliche Grundpreise für Automobile, für Urlaubsreisen, für Mieten usw. präsentiert, die relativ hohen Inklusivpreise, die sich bei Hinzurechnung notwendiger oder erwünschter Zubehör- oder Folgeleistungen ergeben, werden dem Kunden bewußt vorenthalten.

Erscheinungsformen dieses Musters liegen auch vor, wenn z.B. Bücher in mehrere, einzeln erwerbbare Bände aufgeteilt oder Wohnungsausstattungen in einzelne Elemente zerlegt angeboten werden.

Gleichnismethode

Der Verkäufer sucht die schockende Wirkung absoluter Preisnennung bei dieser Methode dadurch aufzufangen, daß er den Preis in Beziehung zu gewohnten, sich wiederholenden Kleinausgaben bringt. Entsprechend formuliert der Verkäufer beispielsweise: „Der einzelne Einsatz dieses Gerätes kostet Sie nicht mehr als eine Zigarette!"
oder
„Welche Schwundkosten haben Sie in Ihrem Lager täglich? Nach meiner Erfahrung sind diese Kosten auf mindestens 30,– DM pro Tag anzusetzen, damit haben Sie im Jahr eine Belastung von über 10 000,– DM. Für dieses Luftbefeuchtungsgerät jedoch fallen einmalig lediglich 9 800,– DM an. Ihre Schwundkosten können Sie dann vergessen. Und wenn Sie nun die lange Lebensdauer des Gerätes in Betracht ziehen, welcher Gewinn ist dieses Gerät dann für Sie!"

Ist die angebotene Leistung objektiv gesehen relativ teuer, so können sich eventuell nur die folgenden beiden Ansätze als hilfreich erweisen, die in den vorhergehenden grundsätzlichen Ausführungen auch bereits angeklungen sind:

Kompensationsmethode

Der Verkäufer zählt alle positiven Aspekte der angebotenen Leistung, alle dem Kunden aus dem Erwerb und der Nutzung entstehenden Vorteile auf, um dadurch den hohen Preis zu kompensieren.

So wie allgemein häufig das Eintreten eines Lerneffektes Wiederholungen voraussetzt, registriert und begreift der Kunde bestimmte Vorteile eventuell erst, nachdem sie ihm mehrfach dargelegt wurden. Kommt es jetzt zu einem Aha-Erlebnis beim Kunden, so wird selbst ein objektiv relativ hoher Preis gemildert erscheinen.

Demonstrationsmethode

Der Verkäufer bemüht sich, die Vorteile des Verkaufsobjektes durch möglichst plastische oder dramatische Demonstrationen besonders zu beleuchten und auf diese Weise die Preishöhe in ihrer Negativwirkung ‚in den Schatten zu schieben'.

Der Methode entspricht etwa die Anpreisung von Fleckentfernern in der Form, daß der Propagandist sein strahlend weißes Oberhemd mit Tinte, Blaubeeren und anderen farblich beeindruckenden Zutaten versieht, um sich nach Verwendung eines Fleckentferners wieder strahlend weiß zu präsentieren. Auch die Vorführung von Feuerlöschern, Hebegeräten, Schneidegeräten ließe sich so plastisch und dramatisch aufziehen, daß der Beeindruckungseffekt den Preis in den Hintergrund bringt.

c) Ausgestaltung der Preise

1. Glatte und gebrochene Preise

Lautet die Preisforderung auf einen vollen Betrag (z.B −.50 DM, 1,− DM, 10,− DM, 1000,− DM), so spricht man von glatten Preisen. Dabei hängt es jedoch von der absoluten Höhe des Preises ab, ob dieser als glatt zu bezeichnen ist. Die Preisbereiche, in denen gebrochene Preise liegen, werden nämlich mit steigender Grundgröße umfassender. Hat man also zur 1,− DM-Grenze nur einen engen Spielraum für die Festsetzung eines gebrochenen Preises (z.B. 0,98 DM), so steigt dieser Spielraum mit der entsprechenden glatten Grundgröße (z.B. 10,− DM → 9,90 DM; 1000,− DM → 985,− DM; 10000,− DM → 9980,− DM).

Erwartet wird, daß die Kunden bei gebrochenen Preisforderungen, also jeweils relativ kurz unter Preisschwellen bleibenden Preisen (5,95 DM; 9,90 DM; 985,− DM) eher dazu neigen, zum nächsten vollen Preis abzurunden (also auf 5,− DM; 9,− DM; 900,− DM) als zum nächsten vollen Preis aufzurunden.

Empirische Untersuchungen dazu haben allerdings keine eindeutigen Ergebnisse geliefert. Es gibt sowohl Hinweise darauf, daß die Kunden zu den entsprechenden Abrundungen neigen, als auch darauf, daß ihr Verhalten keinen relevanten Unterschied in bezug auf die entsprechenden gebrochenen und glatten Preise zeigt.[43] Lambert schließt daraus, daß die Illusion des niedrigeren Preises für einige Produkte unter bestimmten Umständen einzutreten vermag, aber eben nicht für alle Produkte unter allen Umständen[44].

Zur Frage, bei welchen Produkten und unter welchen Umständen der gebrochene Preis einen besonderen psychologischen Reiz (Lynn spricht von ‚charm'price)[45] ausstrahlt, bleibt man wegen des Fehlens entsprechender Untersuchungen zunächst auf Vermutungen angewiesen. Vermutet wird z. B., daß Kunden, die viel im Großen rechnen und mit Zahlen flüssig umzugehen gelernt haben, die gebrochenen Preise eher dem nächstgelegenen glatten Wert angleichen und damit der realitätsnäheren Größenordnung zurechnen.[46] Dies würde bedeuten, daß insbesondere beim Verkauf von Investitionsgütern an Industriekunden nur eine verminderte Wirksamkeit der gebrochenen Preise zu erwarten steht. Andererseits ist damit nicht widerlegt, daß mit dem gebrochenen Preis eventuell der Eindruck äußerster Kalkulation erweckt und damit Versuchen des Kunden zum Feilschen vorgebeugt werden kann.

Entsprechend vermutet Hartmann, daß bei Personen, die durchgängig mit kleinen Summen rechnen, die ‚letzten Stellen' an Bedeutung gewinnen und gebrochene Preise damit insbesondere im Bereich des privaten Haushalts zur erwarteten Wirkung führen.[47] Generell erscheint plausibel, daß beim Angebot von Leistungen, die der Kunde primär unter dem Aspekt des mit ihnen verbundenen Sozialnutzens beurteilt, kaum positive Wirkungen von gebrochenen Preisen zu erwarten sind. Hier ist im Gegenteil sogar denkbar, daß das Sozialimage der Leistung durch gebrochene Preisstellungen in Gefahr gerät. Der Kunde wird so beispielsweise wohl mehr Sozialgewinn erwarten, wenn man allgemein weiß, das überreichte Geschenk habe volle 10,– DM (statt etwa nur 9,80 DM) gekostet.

---

[43] Vgl. Z. V. Lambert, Perceived Prices as Related to Odd and Even Price Endings, in: Journal of Retailing, Jg. 51 (1975), Nr. 3, S. 22; S. Müller, M. Brücken, J. Heuer-Potthast, Die Wirkung gebrochener Preise bei Entscheidungen mit geringem und hohem Risiko, in: Jahrbuch der Absatz- und Verbrauchsforschung, Jg. 28 (1982), S. 360ff.; K. P. Kaas, C. Hay, Preisschwellen bei Konsumgütern – Eine theoretische und empirische Analyse, in: Zeitschrift für betriebswirtschaftliche Forschung, Jg. 36 (1984), S. 333ff.; S. Müller, H. Bruns, Der Einfluß von Glattpreisen auf Kaufentscheidungen, in: MARKETING ZFP, Jg. 6 (1984), S. 175ff.
[44] Vgl. Z. V. Lambert, a.a.O., S. 22
[45] Vgl. R. A. Lynn, Price Policies and Marketing Management, Homewood (Ill.) 1967, S. 225
[46] Vgl. K. D. Hartmann, Der Preis im Zahlenbewußtsein des Verbrauchers, in: Der Markenartikel, Jg. 17 (1955), S. 104
[47] Vgl. K. D. Hartmann, a.a.O., S. 104

2. Runde, ungerade und gerade Endziffern im Preis

Als weitere generelle Frage stellt sich die nach den Endziffern im Preis. Zur Auswahl stehen sogenannte runde (0,5), ungerade (1, 3, 7, 9) und gerade (2, 4, 6, 8) Endziffern.

Untersuchungen zu den Vorstellungen bei den jeweiligen Endziffern zeigen, daß sich mit den runden Endziffern 0 und 5 positive Vorstellungen wie übersichtlich, nüchtern, gut, glatt verbinden. Preise mit ungeraden Endziffern erbrachten negative Vorstellungen, wobei insbesondere die Endziffern 1 und 7 mit Charakterisierungen wie eckig, gespannt, häßlich, aufdringlich negativ herausragten. Gegenüber Preisen mit geraden Endziffern wurde ein ambivalentes Verhältnis festgestellt.[48]

Diese Ergebnisse lassen allerdings – wie Überprüfungen vermerken[49] – nicht den Schluß zu, daß sich Preise mit ungeraden Endziffern zwingend als weniger verkaufsförderlich erweisen.

d) Verhalten des Verkäufers bei der Preisnennung und bei Preiseinwänden

Der Preis ist ‚eingepackt' (in Mittelposition) zu nennen; der Preis darf möglichst nicht gesprächsdominant werden, entsprechend beiläufig ist er unterzubringen.

Auf keinen Fall sollte der Verkäufer nach Nennung des Preises eine Pause einlegen, die den Preis beim Kunden nachwirken läßt. Der Preis ist, wie Kirchhoff[50] es ausdrückt, ‚zu vertreiben'. Zur **Preisvertreibung** hat der Verkäufer erneut auf die Kaufmotivationen des Kunden zu zielen, indem dessen Besitzwunsch, dessen Bedarfserfüllung an die Preisnennung angeschlossen werden.

Bei der **Preisnennung** selbst sollte der Verkäufer sicher und ruhig erscheinen, um dadurch diesen besonders kritischen Moment im Verkaufsgespräch möglichst komplikationsfrei überspielen zu können.

Hat der Verkäufer selbst einen ‚Preiskomplex' und äußert er etwa mit unsicherer Stimme und schief-verlegenem Seitenblick, die Ware koste ‚allerdings' soundso viel, so braucht es ihn nicht zu wundern, wenn der Preis sich zu einer beträchtlichen, eventuell sogar unüberwindbaren Hürde des Verkaufsgespräches aufbaut.

Es kann jedoch selbstverständlich auch bei psychologisch richtiger Verhaltensweise des Verkäufers vorkommen, daß der Käufer unmittelbar mit ‚Das ist zu teuer!' einhakt und den Geschäftsabschluß von einer Preisermäßigung abhängig macht.

---

[48] Vgl. J. Flämig, G. Weyer, Zur Psychologie des Preises, in: Zeitschrift für Markt-, Meinungs- und Zukunftsforschung, Jg. 1968, S. 2421
[49] Vgl. J. Flämig, G. Weyer, a.a.O., S. 2422
[50] Vgl. H. Kirchhoff, a.a.O., S. 316

Eine gezielte Reaktion des Verkäufers auf diesen Einwand setzt voraus, daß er den Hintergrund des Einwandes erkennt:
(1) Verfügt der Kunde nicht über die entsprechenden Geldmittel?
(2) Hat der Kunde die entsprechenden Mittel nur momentan nicht zur Verfügung?
(3) Empfindet der Kunde die Leistung im Vergleich zum dargestellten Wert als zu teuer?
(4) Vergleicht der Kunde das Angebot mit preisniedrigeren Konkurrenzangeboten?
(5) Handelt es sich um den Routineeinwand eines Einkaufsprofis, der prinzipiell versucht, genannte Preise ins Wanken zu bringen?

Erscheint im Fall (1) eine Preisermäßigung oder ein Abbruch der Verkaufsbemühungen unumgänglich, so läßt sich der Fall (2) eventuell durch entgegenkommende Zahlungskonditionen auffangen. Im Fall (3) ist es dem Verkäufer bisher nicht gelungen, die Leistung in der persönlichen Wertskala des Kunden genügend hoch zu positionieren; im Fall (4) hat der Verkäufer die zu verkaufende Leistung noch nicht hinreichend von den betreffenden Konkurrenzangeboten abgehoben und im Fall (5) bildet verbindliche Festigkeit im allgemeinen die richtige Strategie.

Eingeräumte Preisnachlässe sind nämlich häufig der Beginn einer Kette ohne Ende, und zwar insofern, als der begünstigte Kunde bei nächster Gelegenheit wieder versuchen wird und zudem kaum zu vermeiden ist, daß die Preisnachlässe sich herumsprechen und damit von anderen Kunden ebenfalls gefordert werden.

Läßt sich ein sonst (z.B. aufgrund der Größenordnung, der Schlüsselposition des Kunden, des Zeitpunktes) attraktives Geschäft nur über den Preisnachlaß retten, so sollte man zunächst bemüht sein, den Preisnachlaß nicht in direkter, sondern nur in indirekter Form zu vereinbaren. Das heißt, nicht der Preis als solcher sollte gesenkt werden, vielmehr sollte man einen bestimmten Rabatt einräumen und/oder Entgegenkommen in bestimmten Lieferungs- und Abwicklungskonditionen (z.B. Frage der Übernahme von Verpackungskosten, Porti, Frachten, Versicherungsgebühren) zeigen. Wird der Rabatt dann auch noch als ‚Sonderrabatt' gekennzeichnet, so ist damit verdeutlicht, daß es sich um eine besondere Situation handelte, aus der heraus die Rabattgewährung möglich war. Dadurch wurde zugleich signalisiert, daß bei folgenden Geschäften (mit anderen Kunden oder mit diesem Kunden) jeweils wieder von dem unverändert gebliebenen Grundpreis auszugehen ist.

Im weiteren sollte man in diesem Zusammenhang bemüht sein, dem Kunden für das gewährte Entgegenkommen auch eine besondere Gegenleistung abzuringen, etwa in Form eines größeren Auftrages, einer schnelleren Zahlung, einer Selbstabholung oder eines Verzichtes auf Sonderausführungen.

C. Geschäftsabschluß mit Anbahnung weiterer Geschäfte (Abschluß- und Weiterführungsphase)

I. Abschlußsignale

Den Abschluß des Geschäftes kann der Verkäufer einleiten, wenn er Hinweise darauf erkennt, daß der Kunde grundsätzlich kaufbereit ist. Der Einsatz bestimmter Abschlußtechniken soll dem Kunden über die letzte kleine Schwelle helfen, die noch als Entscheidungskonflikt zwischen Geldausgabe oder Nicht-Geldausgabe geblieben ist.

Setzt man Abschlußtechniken bei einem Kunden an, der (noch) nicht überzeugt werden konnte und der (noch) keinen Kaufwunsch verspürt, so kommt höchstens ein sog. Hochdruckverkauf zustande. In diesem Fall ist eine hohe Wahrscheinlichkeit dafür anzunehmen, daß der Kunde seinen Kauf in der Folge bereut und die daraus entstehende Unzufriedenheit dem Verkäufer anlastet. Die Folge wäre, daß der betreffende Kunde diesen Verkäufer im weiteren meidet und eventuell sogar eine negative Mund-zu-Mund-Werbung zu Lasten des Verkäufers beginnt.

Der Einsatz von Abschlußtechniken zur Realisierung des Geschäftsabschlusses kommt also erst dann in Betracht, wenn Abschlußsignale empfangen wurden.

Vermag der Verkäufer keine Abschlußsignale zu erkennen, meint er jedoch, alle wesentlichen Argumente und auch Einwendungen mit dem Kunden durchgesprochen zu haben, so empfiehlt sich eine (nochmalige) Zusammenfassung durch den Verkäufer. Wie bereits in anderem Zusammenhang angeführt, kann notwendige Voraussetzung für Lernen mehrfache Wiederholung sein. Es mag also durch eine komprimierte, auf die wesentlichen Proargumente beschränkte Wiederholung gelingen, den Kunden zu überzeugen und ihn zum Kaufwunsch zu führen.

Abschlußsignale lassen sich aus dem Verhalten und/oder sprachlichen Äußerungen des Kunden erkennen.

Als **Signale aus dem Verhalten**, die auf eine grundsätzliche Aufgabe von Kaufwiderständen und damit entstehende Kaufbereitschaft deuten, sind vor allem zu nennen: Umspannungen (Haltungswechsel, tiefes Durchatmen); Kopfkratzen, Kinn-, Nasen- oder Stirnreiben; Ergreifen des Kaufobjektes oder Prospektes.

Vom Kunden kommende **Sprachsignale**, die dem Verkäufer Erfolg in der bisherigen Gesprächsführung und Aussicht auf positiven Gesprächsausgang anzeigen, sind vor allem: Erkundigungen über Einzelheiten, insbesondere über Details der Kaufabwicklung (Lieferfrist, Zahlungsweise, Service u.ä.); Äußerungen, die Kauf unterstellen (z.B.: Dann könnte ich ja ...); sprachliche Umspannungen (Übergang von nüchtern-ernster Gesprächsführung in humorvolle).

II. Abschlußtechniken

Dem Abschluß geht beim Kunden nicht selten ein mehr oder weniger unbehagliches Gefühl voraus. Es handelt sich dabei um eine Erscheinung, die insbesondere vor individuell gewichtigen Entscheidungen auftritt. Der Entscheidende zögert vor dem endgültigen Schritt. Der Verkäufer vermag dem Kunden in dieser Situation über bestimmte Abschlußtechniken den entscheidenden letzten Anstoß zu geben.

Zu beachten gilt es beim Einsatz dieser Abschlußtechniken, daß die Kaufaufforderung dem Kunden in einer Form angetragen wird, die auch bei negativer Reaktion des Kunden eine Fortsetzung des Verkaufsgespräches ermöglicht.[51]

Je nach Kaufobjekt und vorliegender Situation kann der Verkäufer sich für eine der folgenden Techniken entscheiden:

Teilentscheidungen herbeiführen

Der Verkäufer setzt bei verhältnismäßig nebensächlichen Aspekten des Angebotes an und versucht, dazu Teilentscheidungen herbeizuführen (Foot-in-the-Door). Damit soll die Entscheidungshemmung gelöst und der Kunde in einen ‚Zustimmungsrhythmus' gebracht werden, an dessen Ende er das ‚Ja' zur entscheidenden Frage eventuell gar nicht mehr auszusprechen braucht, da es sich schlüssig aus den vorhergehenden Teilzustimmungen ableitet.

Das Vorgehen sei am Beispiel eines PKW-Verkaufs angedeutet. Der Verkäufer könnte etwa folgende Fragen formulieren:

„Sie wollen Ihren vorhandenen Wagen ja doch in Zahlung geben, nicht wahr?"
„Die Form dieses Modells entspricht offenbar Ihren Vorstellungen?"
„Hinsichtlich der Farbe gefiel Ihnen ‚Pariserblau' am besten?"
„Möchten Sie Radio und Antenne gleich mitgeliefert haben?"
„Sie werden doch sicher den Skontoabzug für sich nutzen wollen?"
„Der Wagen soll doch sicher von hier aus ausgeliefert werden?" u.ä.m.

Alternativtechnik

Über die Alternativtechnik kann dem Kunden der unmittelbare Entscheidungsdruck dadurch genommen werden, daß die Frage des Verkäufers sich nicht auf das ‚Ob' des Kaufes, sondern auf das ‚Wie' richtet. Der Verkäufer formuliert zwei (eventuell auch mehr) konkrete Vorschläge, die sich auf Teilaspekte des Angebotes beziehen, also z.B. auf die Modellausführung, auf die Menge oder auf die Sortierung. Dem Käufer wird dabei, obwohl sich sein Entscheidungsfeld durch die Alternativen fortlaufend einengt, das Gefühl erhalten, er entscheide in Selbstbestimmung. Dies wird insbesondere bei geltungsbedürftigen Kunden wichtig sein.

---

[51] Vgl. H. M. Goldmann, a.a.O., S. 228

Der Autoverkäufer fragt also z.b. mit Blick auf das vorliegende Bildmaterial:

„Sagt Ihnen die K- oder die KL-Ausführung mehr zu?"
„Gefällt Ihnen das perlweiße oder das sandfarbene Modell besser?"

Taktik der falschen Wahl

Der Verkäufer provoziert beim Kunden das Gespräch weiterführende Reaktionen, indem er bewußt etwas vorschlägt oder fragt, was für den Käufer nicht in Betracht kommt.

Im Beispiel des Autoverkaufs würde die Anwendung dieser Taktik bedeuten, daß der Verkäufer etwa fragt: „Sie möchten den Wagen mit Schiebedach?", obwohl er sehr deutliche Hinweise dafür vorliegen hat, daß für den betreffenden Kunden lediglich ein Wagen ohne Schiebedach in Betracht kommt.

Die Frage führt beim Kunden mit hoher Wahrscheinlichkeit zu einer spontanen Reaktion. Er wird z.b. entgegnen: „Also – nein, Schiebedach kommt gar nicht in Betracht!"

Der Verkäufer kann diese Entgegnung dann bestätigend und lobend etwa in folgender Form aufnehmen: „Da haben Sie auch vollkommen recht! Wann kann man hier schon mal ein Schiebedach nutzen! Bringt im Grunde nur zusätzliche Kosten und Risiken! Ihrer Entscheidung für einen Wagen ohne Schiebedach ist voll zuzustimmen!"

Diese Technik ist für den Verkäufer weitgehend risikofrei. Denn sollte der Kunde die Frage ‚Möchten Sie den Wagen mit Schiebedach?' wider Erwarten mit ‚Ja' beantworten, so hat der Verkäufer in gleichem Maße Möglichkeiten, auf den Abschluß hinzuarbeiten. Er kann dann diese Antwort entsprechend bestätigend und lobend aufnehmen und z.B. anführen: „Da bin ich vollkommen Ihrer Meinung! Ich kann Ihnen aus eigener Erfahrung bestätigen, wie angenehm es ist, frische Luft im Wagen zu haben, insbesondere im letzten Sommer, wo es so heiß war. Ich kann Ihrer Entscheidung nur voll zustimmen!"

Taktik der Übertreibung

Die Taktik der Übertreibung hat mit der vorhergehend dargelegten Taktik gemeinsam, daß der Verkäufer beim Kunden eine Reaktion zu provozieren versucht, die ihm die Abschlußarbeit erleichtern soll. Die Anwendung dieser Taktik folgt der Devise ‚Unmögliches vorschlagen, damit Mögliches zugestanden wird!' (Door-in-the-Face).

Der Verkäufer fragt so beispielsweise: „Möchten Sie 10 oder 20 Dutzend?", obwohl er weiß, daß der Kunde wahrscheinlich schon mit 5 Dutzend reichlich eingedeckt wäre.

Mit hoher Wahrscheinlichkeit ist auch bei einer derartigen Fragestellung eine Spontanreaktion des Kunden zu erwarten; dieser wird beispielsweise antworten: „Also nein – 5 Dutzend wären für den Anfang auch schon reichlich!"

Der Verkäufer kann diese Entgegnung dann etwa mit „Gut, Herr Meyer, nehmen wir doch also die 5 Dutzend!" aufgreifen.

Taktik der zu verscherzenden Gelegenheit

Der Verkäufer konzentriert sich darauf, die Nachteile zu verdeutlichen, die dem Kunden aus einem Kaufverzicht entstehen.

Dieser Taktik entsprechen Formulierungen wie:

„Eine derart günstige Gelegenheit wird Ihnen sicher kein zweites Mal geboten!"
„So günstig werden wir auf keinen Fall noch einmal anbieten können!"
„Sie sollten wirklich zugreifen, solange wir überhaupt noch Vorräte haben!"
„Wie Sie gesehen haben, verlieren Sie ohne dieses Aggregat mit jedem Tag gut 100,- DM!"

Auch der bei Grundstücks- und Gebrauchtwagengeschäften sowie Wohnungsvermietungen beliebte Hinweis auf die (angeblich oder tatsächlich) vorhandenen weiteren ernsthaften Interessenten entspricht dieser Taktik.

Taktik der vollzogenen Tatsachen

Der Verkäufer beginnt mit Handlungen, die dem Kunden einfach unterstellen, er habe seine Zusage bereits gegeben. Diese Taktik grenzt allerdings hart an den sog. Hochdruckverkauf; es ist also recht fraglich, ob sie sich langfristig auszuzahlen vermag.

Der Verkäufer fängt hier beispielsweise an, das Auftragsformular oder den Kassenzettel auszuschreiben. Je weiter er in dieser Tätigkeit gelangt, ohne auf Einspruch des Kunden zu stoßen, desto schwieriger wird es für den Kunden – psychologisch gesehen –, noch einen Rückzieher zu machen.

III. Zusatzverkäufe

Ist die Leistung, auf die sich die Verkaufsbemühungen richteten, vom Kunden angenommen und gekauft, so kann sich der Verkäufer unmittelbar um Anschlußverkäufe bemühen.

Um Chancen auf Zusatzverkäufe zu wahren, ist das Gespräch weiterzuführen. Zu vermeiden sind auf jeden Fall sogenannte **Killerphrasen** wie:

„Na – dann hätten wir's wohl wieder mal!"
„Das wär's dann ja wohl!"
„Heute brauchen Sie ja wohl nichts mehr?"

Derartige Wendungen stellen sogar Zusatzkäufe in Frage, die der Kunde selbst geplant hatte.

Der Verkäufer hat sich zu überlegen, welche Ergänzungsleistungen für den Kunden von Interesse sein können, und hat entsprechend auch hier aus der Sicht des Kunden heraus zu argumentieren. In nicht wenigen Fällen ist der

Kunde dann sogar dankbar für die gegebenen Hinweise. Vermag der Verkäufer auf Zusatzelemente hinzuweisen, die dem Kunden eine Steigerung im Grad der Bedürfnisbefriedigung bringen, und geschieht dies mit so unaufdringlichen Wendungen wie:

„Eine funktionsgerechte/sehr nützliche/sehr praktische/sehr hübsche Ergänzung zu Ihrem ..."
„Wie gefällt Ihnen denn zu Ihrem ... ein ...?",
so ist mit positiven Reaktionen des Kunden zu rechnen.

Der Verkäufer soll auch jetzt nichts aufdrängen (oder gar nach dem berühmten Kauf der Kuckucksuhr die berüchtigten drei Säcke Futter für diesen Kuckuck aufschwatzen). Er sollte sich aber darum bemühen, daß der zum Kunden geschaffene Kontakt und die darüber eventuell entstandene Vertrauensbasis sich für ihn nicht nur in **einem** Verkauf, sondern auch in Folgeverkäufen niederschlägt.

Erscheint ein unmittelbarer Anschlußverkauf nicht angezeigt, weil der Kunde sich z.B. bereits im Rahmen seiner gegenwärtigen finanziellen Möglichkeiten verausgabt hat, so können die vom Verkäufer gegebenen Hinweise zu einem späteren Zeitpunkt zur erneuten Kontaktaufnahme führen.

IV. Verabschiedung

Mit der Verabschiedung enden die Beobachtungs- und Einflußmöglichkeiten des Verkäufers; der Kunde verläßt die ihm wohlwollende und wohltuende Atmosphäre, die der Verkäufer geschaffen und bewahrt hat. Das Hinüberwechseln aus der Verkaufsatmosphäre in die Normalatmosphäre bringt Risiken. Beim Käufer können einerseits Selbstzweifel an der Richtigkeit des Kaufes auftauchen, andererseits kann ihn Kritik aus seinem Normalumfeld (Familie, Freunde, Bekannte, Kollegen, Vorgesetzte usw.) treffen. Es ist also nach dem Kauf mit Dissonanzen beim Kunden zu rechnen. Diese Dissonanzen können nicht nur die weiteren Beziehungen zwischen dem Kunden und dem Verkäufer bis zum Abbruch der Geschäftsbeziehungen belasten, sondern dem Verkäufer auch Kontakte zu anderen Kunden beträchtlich erschweren; denn werden nach dem Kauf auftretende Dissonanzen nicht rechtzeitig aufgefangen, so können sie eine negative Mund-zu-Mund-Werbung seitens des enttäuschten Käufers auslösen (der enttäuschte Kunde versucht sich dadurch zu entlasten, daß er dem Verkäufer die Schuld am Fehlkauf anlastet).

Gegen das Auftreten von Dissonanzen ist der Kunde vor der eigentlichen Verabschiedung vorsorglich zu wappnen. Der Verkäufer hat letzte, eventuell noch bestehende Zweifel an der Richtigkeit des Kaufes auszuräumen und den Kunden in der getroffenen Entscheidung zu bestärken. Dies wird generell dadurch möglich, daß der Verkäufer dem Kunden nochmals die Richtigkeit der Wahl bestätigt und ihn für seine Entscheidung lobt. Dazu erscheinen etwa folgende Wendungen geeignet:

„Sie können sicher sein, eine ausgezeichnete Wahl getroffen zu haben!"
„Wer von diesen Dingen etwas versteht, wird Sie zu Ihrer Entscheidung beglückwünschen!"
„Sie waren ein harter und kritischer Verhandlungspartner, Sie haben wirklich das Optimum herausgeholt!"

Ist der Käufer zu den sog. professionellen Einkäufern zu zählen (Einkäufer eines Unternehmens), so empfiehlt es sich für den Verkäufer, abschließend noch einmal alle für den Kauf sprechenden Argumente zusammenzufassen; dem Einkäufer werden damit Argumentationsansätze geliefert, die er bei einer eventuell notwendig werdenden Rechtfertigung in seiner Firma nutzen kann.

Da sich auf diese Weise das Auftreten von Dissonanzen jedoch nicht zwingend verhindern läßt, sollte der Verkäufer seine Hilfe dem Kunden auch für die Phase nach dem Kauf anbieten. Entsprechend wird er an die Bestätigungen und an die Belobigungen, die er dem Kunden vor der Verabschiedung übermittelt, beispielsweise anschließen: „Sollten sich wider Erwarten irgendwelche Fragen oder gar Schwierigkeiten ergeben, Sie wissen, ich bin immer für Sie da! Kommen Sie vorbei oder rufen Sie mich an!"

Um nicht letztendlich doch aufgrund von Bequemlichkeit oder Zurückhaltung des Kunden in der Verkaufsarbeit mit den Folgen aufgetretener Dissonanzen belastet zu sein, hat der Verkäufer von sich aus Rückfragen beim Kunden vorzusehen. Der Verkäufer sollte sich also in entsprechendem zeitlichen Abstand selbst beim Kunden vergewissern, ob dieser mit dem erworbenen Farbfernseher, PKW, Kühlsystem oder Drehaggregat zufrieden ist.

Es ist auf die zugehörigen Folgerungen aus der Dissonanztheorie zurückzuverweisen: Kann der Verkäufer den Kunden durch vorbeugende Maßnahmen nach dem Kauf dissonanzfrei halten oder auftretende Dissonanzen auffangen, so wird der Kunde weiteren Einkäufen über den betreffenden Verkäufer zuneigen und ihn weiterempfehlen.

Bei der eigentlichen Verabschiedung muß sich der Verkäufer darüber im klaren sein, daß nicht nur der erste, sondern **auch der letzte Eindruck von besonderer Bedeutung** ist. Der letzte Eindruck wirkt nach; folglich ist es wichtig, daß der Verkäufer seine Rolle bis zum letzten Moment durchhält. Dies bedeutet zum Abschluß konkret, daß der Verkäufer sich beim Kunden bedankt und daß er ihn – soweit in Betracht kommend – zumindest ein Stück geleitet.

Um eine freundliche Verabschiedung sollte sich der Verkäufer durchaus auch gegenüber den Kunden bemühen, die sich (noch) nicht zum Kauf entschließen konnten. Wenn sie sich durch die Mühe und die Zeit, die sie den Verkäufer gekostet haben, belastet fühlen, so wissen sie eine freundliche und Verständnis für ihren momentanen Nichtkauf zeigende Verabschiedung besonders zu schätzen. Viele von ihnen werden darauf in der Form dankbar reagieren, daß sie den betreffenden Lieferanten und den betreffenden Verkäufer dann bei nächster Gelegenheit berücksichtigen.

Exkurs: Der Wert von Kundentypisierungen für die Anlage der Geschäftsverhandlungen

Typologien haben allgemein den Zweck, die Vielgestaltigkeit realer Erscheinungen zur Erleichterung ihrer Analyse in Gruppen zu ordnen. Da jeder Mensch auch als Kunde eine Individualität darstellt, wäre es für den Verkäufer eine beträchtliche Hilfe, wenn sich zwischen einzelnen Individuen doch insoweit wesentliche Gemeinsamkeiten beobachten ließen, daß diese einer Gruppe zugeordnet werden könnten.

Als größere Gruppen von Kunden verbindende Merkmale kommen das äußere Auftreten und das Verhalten der Kunden, ihre Mimik, Gestik und Sprechweise in Betracht; über diese Merkmalsgruppen werden bestimmte Typkategorien gebildet.

Da dem Verkäufer im Regelfall aber weder die Fähigkeiten noch die Zeit gegeben sind, eine Feineinstufung des ihm gegenübertretenden Kunden vorzunehmen, erscheint es für die praktische Verkaufsarbeit wenig sinnvoll, eine große Zahl von Typen und Untertypen zu bilden. Der Verzicht auf eine Feintypisierung vermeidet zudem den Eindruck, Verkaufsgespräche seien in hohem Maße oder gar total programmierbar. Kundentypisierungen können dem Verkäufer lediglich insofern eine Hilfe sein, als er daraus Schlüsse für die Richtung seines Verhaltens und Auftretens sowie seine Gesprächsführung abzuleiten vermag. Was dem Verkäufer in der einzelnen Geschäftsverhandlung an individueller Anpassung an den Kunden abverlangt wird, läßt sich nicht durch eine Vertiefung der Kundentypisierung vorvollziehen.

Sind dem Verkäufer also die kennzeichnenden Merkmale der folgenden Haupttypen geläufig und weiß er um die Grundsätze ihrer Behandlung, so hat er wohl einen hilfreichen Orientierungsrahmen für die Anlage der Geschäftsverhandlungen mit dem jeweiligen Kunden, aber doch weiterhin die Aufgabe, die Feineinstellung auf den Kunden im Laufe des Gespräches zu finden.

Als Hauptkundentypen lassen sich unterscheiden:

Der Vielredner

Kennzeichen:
Läßt Gesprächspartner kaum zu Wort kommen; schneidet ihm die Rede ab; schweift leicht vom Thema ab; häufig extravertiert und egozentrisch.

Behandlung:
Zunächst reden lassen und interessiert zuhören; bei sich bietender Möglichkeit freundlich, aber fest einsteigen; da für Lob generell sehr empfänglich, z.B. Einstieg mit ‚Also da kann ich Ihnen nur voll zustimmen und genau das haben wir auch im vorliegenden Produkt ...'.

Der Schweiger

Kennzeichen:
Einsilbig; verschlossen; höchstens knappe Bemerkungen; introvertiert.

Behandlung:
Durch Fragen (keine Fragen mit Ja-Nein-Antwortmöglichkeit!) aus der Reserve locken; Interessen ansprechen; Zeit lassen; eigene Rede einstellen, wenn er ansetzt.

Der Rechthaberische

Kennzeichen:
Besserwisser; auf bestimmte Meinungen fixiert; leicht erregbar; knappes, energisches Auftreten; introvertiert und egozentrisch.

Behandlung:
Viel Zustimmung und Lob geben; Geltungsbedürfnis befriedigen; keine Belehrungen; nicht Fachmann herauskehren, sondern Kompetenz des Kunden betonen; an sich selbst verkaufen lassen.

Der Ängstliche

Kennzeichen:
Schüchtern-zurückhaltend; empfindlich; komplexgeladen; unsicher; introvertiert.

Behandlung:
Nicht drängen; Sicherheit vermitteln über Demonstrationen, Garantieerklärungen, Referenzen.

Der Mißtrauische

Kennzeichen:
Lauernd-zurückhaltend; wachsam-abwartend; wortkarg, aber bei ‚schwachen' Punkten mit Fragenschwall bohrend.

Behandlung:
Behutsam führen; sich selbst überzeugen lassen über Ausprobieren und Nachfragen bei Referenzpersonen; auch in Details genau sein, um keine Angriffspunkte zu bieten.

Der Nervöse

Kennzeichen:
Unruhig; viel Leerlaufbewegungen; schnelle, unkonzentrierte Sprechweise (unvollständige Sätze); Zeitmangel betonend.

Behandlung:
Nicht durch betonte Ruhe reizen; Zeitmangel des Kunden durch knappes Gespräch respektieren; durch schnelle Reaktionen an Wesensart des Kunden anpassen.

Der Unentschlossene

Kennzeichen:
Wankelmütig; macht sich immer wieder selbst durch ‚wenn' und ‚aber' unsicher; Fragewiederholungen.

Behandlung:
Durch Loben Mut zur Entscheidung geben; über klare Entscheidungsvorschläge zur Entscheidung führen; Unsicherheiten durch Garantieerklärungen und Referenzen beseitigen; eventuell leichten Druck ausüben.

Zu den stichwortartig formulierten Behandlungsansätzen für die aufgeführten Kundentypen sei nochmals darauf hingewiesen, daß sie lediglich als Anhaltspunkte zu verstehen sind.

Diese Anhaltspunkte hat der Verkäufer bei seiner praktischen Arbeit zudem in der Regel zu kombinieren, da der individuelle Kunde in der Regel kein reiner Typ ist, sondern Züge von mehreren der aufgeführten Typen zeigt. Es werden sich so z.B. Züge des Schweigers, des Ängstlichen, des Mißtrauischen und Unentschlossenen oder Züge des Vielredners, des Rechthaberischen und Nervösen miteinander zu einem mehr passiven oder mehr aktiven Mischtyp miteinander verbinden.

Entsprechend gibt Jessen auch Globalempfehlungen für den mehr aktiv und den mehr passiv ausgerichteten Kunden und kommt zu folgendem Schema:[52]

---

[52] P. Jessen, a.a.O., S. 198

98 Zweites Kapitel: Zwei-Personen-Beziehungen

Bezeichnungen

Aktiv	Passiv
Angeber, Draufgänger, Grobiane, Besserwisser, Schulmeister, Schwätzer, Gerissene, Rechthaber	Wortkarge, Mißtrauische, Unentschlossene, Pedanten, Schrullige, Geizige, Vorsichtige

Typisches Verhalten

aggressiv, überheblich, selbstsicher	gehemmt, empfindlich, unsicher

Behandlung

ruhig bleiben	den Kunden beleben, Mut machen
Gespräch steuern	Gespräch führen
Zeit nutzen	Zeit lassen
Kunden u. U. unterbrechen	Kunden nicht unterbrechen
Interessen ansprechen	Interessen wecken
Eitelkeit ansprechen	Wert der Sache beweisen
aufklären	erklären
mehr Alternativfragen	mehr Suggestivfragen
möglichst nicht widersprechen	u. U. durch Widerspruch herauslocken
mehr subjektbezogen argumentieren	mehr objektbezogen argumentieren
(Wert für die Person und Geltung in der Mitwelt herausstellen)	(Wert und Bedeutung des Erzeugnisses an sich herausstellen)

höflich, sachlich, korrekt
verständnisvoll, begeisternd

Drittes Kapitel:
Mehr-Personen-Beziehungen im Verkauf (ein Verkäufer/Verkaufsteam und mehrere Käufer)

A. Ein Verkäufer und mehrere Privatkunden

Treten dem Verkäufer mehrere Personen gegenüber, so bedeutet dies zunächst eine Erschwerung seiner Verkaufsbemühungen, da er Kontakt zu mehreren Personen herzustellen und herauszufinden hat, auf welche Person(en) er sich konzentrieren sollte.

Kristallisationspunkt der Verkaufsbemühungen bilden die jeweiligen **Gruppenführer.** Diese fallen im allgemeinen durch eine im Vergleich zu den anderen Gruppenmitgliedern größere Sprachmenge auf.[1]

Die Gruppenführerschaft kann bei einer Person liegen, nicht selten jedoch kommt es zu Aufteilungen auf einen aufgabenorientierten und einen stimmungsorientierten Führer. Der **aufgabenorientierte Führer** pflegt sich dann auf die sachlichen Aspekte zu konzentrieren; er bemüht sich um Informationen zu den physisch-funktionellen Eigenschaften des Angebots und damit um Informationen zur Funktionsfähigkeit und -sicherheit, zu Lieferzeiten und Garantien, zum Preis, zu den Zahlungskonditionen u.ä.m. Er argumentiert und diskutiert zu diesen Fragenkreisen.

Der **stimmungsorientierte Führer** wird sich bei Behandlung dieser Gesprächsthemen generell auf relativ kurze kommentierende Bemerkungen beschränken, das Gesprächsklima jedoch erheblich beeinflussen können. Größere Sprachmengen sind vom stimmungsorientierten Führer zu ästhetischen und sozialen Aspekten des Kaufgegenstandes zu erwarten.

Derartige Rollenverteilungen zeigen sich bei familialen Kaufentscheidungen, wo Männer häufiger die Rolle des aufgabenorientierten Führers und Frauen entsprechend die Rolle des stimmungsorientierten Führers einnehmen.[2]

Aufgrund seines bedeutenden Einflusses auf das Gesprächsklima darf der stimmungsorientierte Führer vom Verkäufer während des gesamten Verkaufsprozesses nicht vernachlässigt werden. Der Verkäufer sollte also eine Raumposition zu den Gruppenführern einnehmen, die ihm ständige Kommunikationsmöglichkeiten zum aufgabenorientierten Führer und zum stim-

---

[1] Vgl. S. Moscovici, a.a.O., S. 232
[2] Vgl. W. Kroeber-Riel, P. Weinberg, Konsumentenverhalten, a.a.O., S. 460

mungsorientierten Führer gibt. Auch während der Gespräche mit dem aufgabenorientierten Führer hat der Verkäufer den stimmungsorientierten Führer immer wieder zumindest kurz anzusprechen und diesem im weiteren durch nichtsprachliche Kommunikationsmittel (Körperzuwendung, Aufnahme von Blickkontakt, Zulächeln, Zunicken) Aufmerksamkeit, Zustimmung und Wertschätzung zu signalisieren.

Die nichtführenden Gruppenmitglieder bedürfen zwar grundsätzlich nicht der gleichen Beachtung durch den Verkäufer wie der (die) Führer, sie sind von ihm jedoch als Interaktionsglieder zu berücksichtigen.

Berücksichtigung bedeutet dabei zunächst einmal, daß der Verkäufer ihnen gegenüber alles zu unterlassen hat, was als Nichtbeachtung oder gar Mißachtung dieser Mitläuferpersonen gewertet werden könnte. Jedes Nichternst-Nehmen oder gar Lächerlich-Machen, jedes Kritisieren und jede Belastung von Mitläuferpersonen durch den Verkäufer ließe Solidarisierungen der Führer mit ihren Begleitpersonen erwarten und damit Konfrontationen zwischen Verkäufer und den Führern auf der Käuferseite.

Entsprechend darf der Verkäufer auch von Mitläuferpersonen eingestreute Kritik nicht einfach wegzuwischen versuchen (etwa durch Bemerkungen wie: Das ist doch unsachlich! Davon verstehen Sie nichts! Sie sollten sich da heraushalten!). Kritik seitens der Mitläufer ist grundsätzlich mit gleicher Aufmerksamkeit und Sorgfalt zu begegnen wie Einwendungen seitens der Führer. Geschieht dies nicht, so entsteht die Gefahr, daß der (die) Führer den entsprechenden Kritikpunkt ihrerseits aufnehmen und vertiefen, um so ihre Solidarität mit den Begleitpersonen zu demonstrieren. Mitläufer sind folglich ebenfalls in ihrem Selbstwertgefühl zu pflegen, da dies generell dem Selbstwertgefühl der Führer zuträglich sein wird.

Berücksichtigung der Mitläufer kann im weiteren bedeuten, daß der Verkäufer sie für sich als Mitstreiter einzusetzen versucht. Zeigen die Mitläufer Neigungen zu bestimmten Angeboten und äußern sie sich entsprechend positiv zu diesen, so vermag der Verkäufer sich vielleicht sogar auf eine diese Äußerungen bestätigende und stützende Hintergrundrolle zurückzuziehen. Aufgrund der anzunehmenden größeren sozialen Verbundenheit zwischen Führern und Begleitpersonen (als zwischen Führern und Verkäufer) messen die Führer den Äußerungen der Begleitpersonen häufig höheres Gewicht und höhere Glaubwürdigkeit bei als entsprechenden Äußerungen des Verkäufers. Dies kann der Verkäufer eventuell dadurch nutzen, daß er sich auf das Einstreuen von Stichworten beschränkt, die das Gespräch zwischen den Begleitpersonen und Führern in eine für den Kaufabschluß günstige Richtung stimulieren.

Neben dieser eventuellen Erleichterung des Verkaufsvorganges wird dem Verkäufer zur Interaktion mit mehreren Personen als grundsätzliche Erleichterung häufig das sog. **Risiko-Schub-Phänomen** signalisiert.

Die Formulierung des Phänomens geht auf Untersuchungen zurück, die gezeigt haben wollen, daß Gruppen zu riskanteren Entscheidungen gelangen als

Einzelpersonen.³ Als plausibel hingestellt wird dieses Phänomen über den Hinweis, bei Gruppenentscheidungen verteilten sich die Konsequenzen einer Fehlentscheidung auf die Gruppenmitglieder (zumindest ihre Führer). Die Einzelperson neige als Gruppenmitglied eher zu Wagnissen, weil die Entscheidung nicht allein ihre eigene sei und sich ihre Verantwortung dementsprechend verringere. Nach Kogan und Wallach ist diese Erscheinung insbesondere als Ergebnis von Diskussionen in der Gruppe zu erwarten.⁴

Die festen Beziehungen, die sich während einer Gruppendiskussion herausbilden, würden jedem einzelnen das Gefühl vermitteln, daß er die Folgen einer Fehlentscheidung nicht allein zu tragen habe.

Brown⁵ vertritt dazu die Meinung, daß die Gruppendiskussion zur Anerkennung des Risikos als kulturellem Wert führe (Zaghaftigkeit gilt wenig!). Die Folge sei, daß sie die anfangs Vorsichtigeren in ihrem Wagemut mehr steigere als sie die anfangs Wagemutigen zu größerer Zurückhaltung führe; als Resultat ergäbe sich die riskantere Gruppenentscheidung.

Andere Untersuchungen⁶ haben die Existenz dieses Phänomens jedoch stark in Zweifel gezogen und dabei häufig sogar als gegenläufiges Phänomen den Vorsichtsschub herausgestellt.

Für die Verkaufspraxis läßt sich weiterhin aber zumindest folgern, daß der Verkäufer vor Ort testen sollte und erfahren könnte, ob ein Ins-Gespräch-Ziehen und Ins-Gespräch-Bringen aller Gruppenglieder Entscheidungshemmungen lösen oder gar weitergehende Entscheidungen (z.B. Kauf größerer Mengen oder teurerer Leistungen) zu initiieren vermag.

B. Ein Verkäufer und gewerbliches Einkaufsteam

I. Warenverkäufe an Handelsbetriebe

Zumindest in Großbetrieben des Handels wird die Einkaufsfunktion nicht von einer Einzelperson wahrgenommen, sondern von Einkaufsgremien.⁷

---

[3] Vgl. M. Argyle, a.a.O., S. 233f.; L. Mann, a.a.O., S. 220ff.; H. Crott, Soziale Interaktion und Gruppenprozesse, Stuttgart u.a. 1979, S. 113ff.
[4] N. Kogan, M. A. Wallach, Risktaking as a function of the situation, the person, and the group, in: New Directions in Psychology, Vol. 3, New York 1967, zit. nach: L. Mann, a.a.O., S. 221
[5] R. Brown, Social Psychology, New York u.a. 1965, zit. nach L. Mann, a.a.O., S. 221
[6] Vgl. R. Elschen, Risikoschub bei Gruppenentscheidungen? in: Zeitschrift für betriebswirtschaftliche Forschung, Jg. 34 (1982), S. 870ff. sowie die dort angegebene Literatur
[7] Vgl. H. Großmann, Im Handel entscheidet ein Gremium, in: Marketing Journal, Jg. 1975, S. 508ff.; H. Stern, Die Einkaufsentscheidung des Lebensmitteleinzelhandels, in: Markenartikel, Jg. 1976, S. 298f.; H. H. Bauer, Die Entscheidung des Handels über die Aufnahme neuer Produkte, Berlin 1980, S. 86f.

Diesen Gremien gehören in der Mehrzahl der Fälle wenigstens fünf Personen an: der Chefeinkäufer, der Ressorteinkäufer, der Vertriebsleiter, der Verkaufsförderer und der Inhaber/Geschäftsführer.

Selbst wenn der Verkäufer (zunächst) nur in unmittelbaren Kontakt zum Ressorteinkäufer kommt oder kommen kann, hat er **die hinter dem Ressorteinkäufer stehenden Personen** zu **berücksichtigen**. Insbesondere wird der Verkäufer damit rechnen müssen, daß im Entscheidungsgremium Koalitionen zwischen Chefeinkäufer und Einkäufer einerseits, zwischen Vertriebsleiter und Verkaufsförderer andererseits wahrscheinlich sind.

Wenn der Verkäufer keinen direkten Kontakt zum Einkaufsgremium bekommt, ist er auf den Ressorteinkäufer als Mittelsperson angewiesen. Während dieser den Chefeinkäufer als seinen „natürlichen" Koalitionspartner vorwiegend mit einkaufsorientierten Argumenten zu gewinnen vermag, haben für die Argumentation gegenüber der Vertriebskoalition verkaufsorientierte Informationen im Vordergrund zu stehen. Entsprechend muß der Verkäufer sich bei seinen Kontakten mit dem Ressorteinkäufer darum bemühen, diesem sowohl einkaufsbezogene (z.b. günstiger Einkaufspreis, Sonderrabatte) als auch verkaufsbezogene (z.b. Direktwerbung für die betreffende Ware, Lieferung von Proben für die Kunden des Handels, Ergänzungscharakter der betreffenden Ware zu vorhandenen Sortimentsteilen) Argumente zu vermitteln.

Da empirische Untersuchungen offengelegt haben, daß in diesen Einkaufsgremien grundsätzlich – trotz demokratischer Strukturierung – den Vertriebsexperten zunehmend dominierendes Entscheidungsgewicht zufällt,[8] hat der Verkäufer sich verstärkt auf Argumente zu konzentrieren, die eine schnelle und gewinnträchtige Wiederverkäuflichkeit der angebotenen Ware belegen.

Dabei kann sich für den Verkäufer gegenüber derartigen professionellen Einkaufsgremien noch weniger als gegenüber Privatkunden die Weckung bloßer Erwartungen empfehlen. Denn gewerbliche Einkäufer unterziehen ihre Einkaufsentscheidungen regelmäßig systematischen Kontrollen, die Fehlentscheidungen aufgrund überzogener Versprechungen des Verkäufers schnell und präzise aufdecken. Auf besondere Resonanz bei den Vertriebsexperten im einkaufenden Handelsunternehmen wird der Verkäufer bei neuen Artikeln mit der Zusage einer Einführungswerbung in Fernsehen, Funk und Presse sowie einer Verkaufsförderung durch Blickfangplakate, Randstreifen und Verkaufshilfen (Propagandisten) stoßen.[9]

Generell sollte der Verkäufer sich um Informationen dazu bemühen, ob und in welcher Art der Handel seine Orderentscheidungen auch formal stützt, z.B. über Artikelbewertungs-Systeme. Auf derartige Systeme hätte sich der Verkäufer auszurichten. Das heißt, er hätte die in diesen Systemen erfaßten Kriterien in seinen Argumentationen und Demonstrationen in der Gewichtig-

---

[8] Vgl. H. Großmann, a.a.O., S. 510
[9] Vgl. H. Großmann, a.a.O., S. 510

keit zu berücksichtigen, die das Bewertungssystem des jeweiligen Handelsunternehmens vorsieht.[10]

Die Chancen auf einen **Risikoschub** zu seinen Gunsten wird der Verkäufer bei Entscheidungen durch professionelle Einkäufer niedriger anzusetzen haben, als er sie gegebenenfalls bei Entscheidungen durch Gruppen von Privatkunden erwarten kann. Die professionellen Einkäufer werden als Angestellte von vornherein dazu neigen, negative Konsequenzen risikofreudiger Entscheidungen für ihre Stellung in Betracht zu ziehen. Dadurch ist damit zu rechnen, daß in derartigen Gremien der Wert der Vorsicht weniger in Gefahr steht, außer acht zu geraten.[11]

Hat das Einkaufsgremium seine Entscheidung für die Wahrnehmung des vom Verkäufer unterbreiteten Angebots nicht einstimmig gefaßt, so bildet die **Verlierergruppe** für den Verkäufer **eine potentielle Gefahr**. Die überstimmten Gremiumsmitglieder werden einerseits dazu neigen, die Folgen des Einkaufs besonders kritisch zu beobachten und sich andeutende Fehlentwicklungen zur Stärkung ihrer Position zu unterstreichen. Zum anderen mögen sie in der Folge Verkäufern der Konkurrenz zuneigen, um sich auf diese Weise an dem Verkäufer zu „rächen", der für sie mit ihrer Niederlage im Zusammenhang steht. Entsprechend können Konkurrenzverkäufer dann auch dadurch Zugang zu vorher verschlossenen Kunden finden, daß sie sich an Verliererkoalitionen wenden. Sie könnten sich darum bemühen, die Argumente der Verlierer zu verstärken oder zu ergänzen und damit formale Kontrollprozesse mit dem Ziel zu initiieren, den ursprünglichen Lieferanten und Verkäufer mit Hilfe der Verliererkoalition aus dem Geschäft zu drängen und sich an seine Stelle zu setzen.

Derartigen von Verliererkoalitionen ausgehenden Gefahren kann der Verkäufer dadurch begegnen, daß er sich gezielt um die Übermittlung von Nachinformationen an die überstimmten Mitglieder des Einkaufsgremiums bemüht. Es sollte dem Verkäufer möglich sein, von seiten der Gewinnerkoalition die Einwendungen der Verlierer zu erfahren. Diese Einwendungen sind vom Verkäufer im Interesse dauerhaft stabiler Geschäftsbeziehungen zu den betreffenden Handelsunternehmen in einer Form auszuräumen, die zu keinen Belastungen für die Verlierer führt, sondern sie im Gegenteil für ihre Skepsis und kritische Haltung grundsätzlich lobt.

Ist es bereits zu Verbindungen zwischen der Verliererkoalition und Konkurrenzverkäufern gekommen, so wird der Verkäufer sich im wesentlichen darauf beschränken müssen, seiner Partei Hilfen zu gewähren. Diese Hilfen werden im Falle akut negativer Entwicklungen bis zur Gewährung weiterer oder neuer unmittelbarer Verkaufshilfen, zu einem Umtausch oder einer Rücknahme der gelieferten Ware gehen.

---

[10] Vgl. A. Bänsch, Käuferverhalten, a.a.O., S. 222ff.
[11] Vgl. L. Mann, a.a.O., S. 222

II. Verkäufe von Investitionsgütern an Industriebetriebe

Eine Überprüfung bestimmter Investitionsprojekte auf Vorteilhaftigkeit für das Unternehmen kann unternehmensintern von grundsätzlich allen Beschäftigten ausgehen, als bevorzugte Abteilungen für das Sammeln von Anregungen gelten jedoch die Planungs- und Konstruktions- sowie die Einkaufsabteilung.[12] Folglich sollte der Verkäufer sich vorrangig um Kontakte zu diesen Abteilungen bemühen, um mit seinen Angeboten überhaupt erst einmal ins Gespräch zu kommen.

Die Chancen dafür, daß das vom Verkäufer unterbreitete Angebot auf Resonanz stößt, hängen von der geleisteten **Vorarbeit des Verkäufers** ab. Als Eigenart des industriellen Verkaufs ist eine grundsätzlich höhere Bedarfsspezialisierung als beim konsumtiven Bedarf anzunehmen.[13] Um entsprechend genau auf den jeweiligen Industriekunden abgestimmte Angebote zustande zu bringen, hat der Verkäufer häufig erhebliche Vorrecherchen anzustellen. Er muß die Besonderheit des Bedarfsfalles erkennen und sich auf die gegebenen oder zu erwartenden Bedarfseigenheiten einstellen.

Vom Verkäufer vorgetragenes Informationsmaterial löst auf der Einkaufsseite generell nur dann Aktivitäten aus, wenn es aufbereitet auf Problemstellungen des jeweiligen Unternehmens geboten wird.

Der Verkauf selbst vollzieht sich bei Investitionsgütern häufig nicht über eine zeitlich geschlossene Verhandlung, sondern über Verhandlungsrunden auf verschiedenen Kontaktstufen.[14]

Das kaufinteressierte Unternehmen schickt zunächst einmal Informanten zur Gewinnung von (weiteren) Grunddaten vor, läßt darauf Experten zur Abklärung der technischen Aspekte folgen und tritt erst dann mit kaufmännischen Unterhändlern auf.[15]

Das Erreichen der Kontaktstufe ‚Expertengespräche' setzt dabei erfolgreiche Kontakte mit den Informanten, die Aufnahme von Verhandlungen mit den kaufmännischen Unterhändlern Überzeugung der Experten voraus.

Der Verkäufer hat sich dabei auf die Informationsanforderungen der jeweiligen Kontaktgruppe einzustellen.

---

[12] Vgl. J. Tafel, Der Entscheidungsprozeß beim Kauf von Investitionsgütern, Diss. Erlangen-Nürnberg 1967, S. 153f.

[13] Vgl. E. Lippold, Kaufentscheidung und Personeller Verkauf. Kommunikationsmöglichkeiten im industriellen Absatz, Diss. Erlangen-Nürnberg 1971, S. 48

[14] Die vom SPIEGEL-Verlag im Jahre 1982 vorgelegte repräsentative Stichprobe zum Entscheidungsprozeß bei Investitionsgütern gibt als durchschnittliche Dauer der Entscheidungsfindung 17 Wochen an; ein Sechstel aller Investitionsentscheidungen zieht sich über mehr als ein Jahr hin. Vgl. SPIEGEL-Verlag, Der Entscheidungsprozeß bei Investitionsgütern, Hamburg 1982, S. 11

[15] Vgl. M. Kutschker, Verhandlungen als Elemente eines verhaltenswissenschaftlichen Bezugsrahmens des Investitionsgütermarketing, Diss. Mannheim 1972, S. 164ff.

Die Anforderungen der **technischen Experten** werden sich auf den Funktionsrahmen der betreffenden Leistung, auf quantitative und qualitative Kapazitäten, Flexibilitäts- und Sicherheitsaspekte, Installationsanforderungen, Raumbedarf, Energieverbräuche und ökologische Implikationen, Lebensdauer, Bedienungs-, Wartungs- und Reparaturbedürfnisse richten.

In der Gruppe der **kaufmännischen Unterhändler** werden Finanzierungsspezialisten und Marketingfachleute vertreten sein. Von den Finanzierungsspezialisten sind insbesondere Fragen zum Preis, zur Amortisationsdauer, zu Garantieleistungen, zu Abwicklungs- und Finanzierungskonditionen und damit eventuell auch zu steuerlichen Aspekten zu erwarten. Demgegenüber werden die Marketingspezialisten u.a. Informationen darüber suchen, wie sich die Aufnahme der betreffenden Leistung auf das eigene Angebotsprogramm auswirkt, ob der Lieferant Hilfen für die eigenen Absatzbemühungen zu gewähren vermag, ob die Lieferzuverlässigkeit und/oder -schnelligkeit des eigenen Unternehmens durch die betreffende Investition steigt und ob günstige Imagewirkungen zu erwarten sind.

Da sich Verkäufer mit derartigen Fragen regelmäßig konfrontiert sehen und Pauschalbeantwortungen nicht ausreichen, bedingt die Auseinandersetzung mit gewerblichen Einkaufsteams jeweils eine besonders gründliche Vorbereitung.

Wird in der Form stufenweise verhandelt, daß die technischen Experten zeitlich vor den kaufmännischen Unterhändlern in Erscheinung treten, so helfen dem Verkäufer noch so attraktive Argumente zu Finanz- oder Marketingaspekten zunächst nicht weiter. Er hat sich auf die technischen Aspekte zu konzentrieren und den entsprechenden Experten die funktionelle Vorteilhaftigkeit des Angebots zu belegen. Gelingt dies dem Verkäufer überzeugend, so eröffnet er sich damit nicht nur die folgende Kontaktstufe, sondern schafft sich eventuell gleichzeitig Fürsprecher für sein Angebot. Vermag er die technischen Experten also zu begeistern, so kann er von ihnen vielleicht sogar direkte Hinweise für seine Verhandlungsführung mit den kaufmännischen Experten erwarten. Die Techniker werden eventuell zu seinen Verbündeten, und es bildet sich zwischen dem Verkäufer und ihnen dann eine Art Interessengemeinschaft heraus.

Der Verkäufer sollte diese besondere Chance, die sich für ihn aus dem stufenweisen Verkaufsablauf ergeben kann, voll nutzen.

Generell hat der Verkäufer zu recherchieren, ob und in welcher Form Beschaffungsentscheidungen (auch) auf Lieferantenbewertungssysteme gestützt werden. Derartige Systeme pflegen unternehmensspezifisch Kriterien wie Qualitäts-, Termin- und Mengenzuverlässigkeit, Preis- und Serviceverhalten zu differenzieren und zu gewichten. Es handelt sich dabei um Bemühungen des beschaffenden Unternehmens, die Beschaffungsentscheidung zu objektivieren. Auf die entsprechenden Inhalte sollte sich der Verkäufer gezielt ein- und ausrichten.[16]

---
[16] Vgl. A. Bänsch, Käuferverhalten, a.a.O., S. 201ff.

Es erscheint plausibel, daß – wenn überhaupt – zunächst eher in der Gruppe der Techniker als in der Gruppe der kaufmännischen Unterhändler das **Phänomen des Risikoschubes** auftritt, die Erscheinung also, daß es in Gruppen zu riskanteren Entscheidungen kommt als bei Einzelpersonen. Dieses Phänomen ist in der Gruppe der Techniker deshalb eher zu erwarten, weil Techniker generell mehr zu Neugier und Experimentierfreudigkeit neigen als Kaufleute und sich dies bei Investitionsvorhaben in dem Wissen, nicht die letzte Entscheidungs- und damit Verantwortungsinstanz zu bilden, auch eher meinen erlauben zu können.

Kommt es in der Gruppe der Techniker zu einem Risikoschub, so kann sich dieser dann jedoch in der Folge auf die Gruppe der Kaufleute auswirken und die sprichwörtliche „kaufmännische Vorsicht" vermindern.

Dieser die Arbeit des Verkäufers begünstigende Effekt läßt sich also kurz gefaßt folgendermaßen erklären: In der Gruppe der Techniker kommt es zu einem Risikoschub aus dem Wissen, daß man nicht das letzte Entscheidungs- und Verantwortungsorgan darstellt (Wenn wir das Projekt befürworten, können die Kaufleute es ja zur Not immer noch ablehnen!); in der Gruppe der Kaufleute kommt es zu einem Risikoschub aufgrund der entsprechend uneingeschränkt oder wenig eingeschränkt befürwortenden Stellungnahme der Techniker (Wenn die Techniker hier keine Schwierigkeiten sehen, warum sollen wir als Kaufleute dann wieder die Bremser sein?).

Bei den Gesprächen und Verhandlungen auf allen Ebenen hat der Verkäufer sich zwar – wie im Falle einer Interaktion mit Privatkunden – **auf die Gruppenführer zu konzentrieren**. Dies wird er jedoch mit dem Bemühen koppeln müssen, auf jedes einzelne Mitglied des Einkaufsteams einzugehen und damit **letztlich jedes einzelne Mitglied zu überzeugen**.[17]

Dazu ist jedes Gruppenmitglied ins Gespräch zu ziehen; beim einzelnen Gruppenmitglied eventuell bestehende Einwände sind offenzulegen und auszuräumen. Es ist zu verhindern, daß bestimmte Gruppenmitglieder sich ihre Einwände für die gruppeninternen Beratungen aufsparen und dem Verkäufer damit keine Möglichkeit geben, zum Einwand Stellung zu nehmen.

Zudem muß auch vermieden werden, daß nicht ins Gespräch gekommene Gruppenmitglieder sich als unwichtig übergangen vorkommen und dann etwa ‚aus Rache für verletzten Stolz' in den internen Beratungen zu opponieren beginnen.

Dabei braucht und wird der Verkäufer seine Bemühungen nicht auf die formellen Interaktionen mit den Gruppen beschränken, sondern auch **isoliert mit einzelnen Gruppenmitgliedern Gespräche führen**. Von Gruppenmitgliedern, die dem Angebot zuneigen, ließen sich in Einzelgesprächen außerhalb der Gruppe Informationen über die Opponenten und ihre Oppositionsgründe gewinnen. Eventuell läßt sich mit den Befürwortern gemeinsam eine Strategie zur Milderung oder zum Überstimmen der Opposition für die kommenden

---

[17] Vgl. Th. F. Stroh, Salesmanship, Homewood (Ill.) 1966, S. 245f.

Sitzungen entwickeln. Von opponierenden Gruppenmitgliedern kann man in Einzelgesprächen den Hintergrund ihrer Einwendungen erfahren. Ihre Einwände lassen sich in direkten Einzelgesprächen häufig besser ausräumen als während der Gruppensitzungen, da der Verkäufer sich im Einzelgespräch seinem Partner und dessen Bedenken ungeteilt und ungestört widmen kann.

Fällt die Entscheidung zugunsten eines Investitionsprojektes im industriellen Einkaufsteam nicht einstimmig, so spaltet sich das Team – entsprechend den Darlegungen zu Entscheidungen im Handelsbetrieb – in eine gewinnende und eine verlierende Koalition.

Die von der **Verliererkoalition** ausgehenden Gefahren zwingen den an langfristigen Geschäftsbeziehungen interessierten Verkäufer zu einer gezielten Nacharbeit.

Der Neigung der Verliererkoalition zu sehr kritischer Kontrolle der Investitionsrealisierung und zum Hochspielen jeder sich auch nur andeutenden Schwierigkeit hat der Verkäufer dadurch entgegenzuwirken, daß er die Position der Gewinnerkoalition durch entsprechende kompensierende Informationen stützt. Entbehrt die Kritik der Verliererkoalition realen Grundlagen, kann der Verkäufer von sich aus Kontrollen des Investitionsobjektes anregen. Ergeben von der Verliererkoalition durchgesetzte Kontrollen Untererfüllung in Teilzielen, so läßt sich eventuell auf die Vollerfüllung der anderen Ziele verweisen und gleichzeitig die Gewichtigkeit der untererfüllten Teilziele herabsetzen. Zeigt sich etwa, daß die Energieverbräuche doch etwas höher als erwartet liegen, so mag der Verkäufer darauf hinweisen können, daß die Reparaturanfälligkeit des neuen Aggregates aber offenbar sehr niedrig sei und sich zudem die sonst bei dem betreffenden Produktionsvorgang typischen körperlichen Belastungen für die Arbeitskräfte erheblich vermindert hätten, was dem Unternehmen direkt durch eine verminderte Krankheitsanfälligkeit der Arbeitskräfte zugute komme.

Um Neigungen der Verliererkoalition, künftig Konkurrenzangebote heranzuziehen, und entsprechenden Bemühungen der Konkurrenzverkäufer entgegenzuwirken, muß der Verkäufer sich umgehend mit akuten Reklamationen und ermittelten ungenügenden (Teil-)Zielerreichungen befassen. Durch schnelle Reparaturen oder Ersatzteillieferungen, durch Stellen von Ersatzaggregaten oder durch unbürokratischen Umtausch nicht einwandfreier oder ungeeigneter Aggregate sind Dissonanzen aufzufangen und ist eine für weitere Geschäfte förderliche Atmosphäre zu erhalten.

C. Verkaufsteams – Strukturierung und Rollenverteilung

Da für den einzelnen Verkäufer insbesondere in der Auseinandersetzung mit einem gewerblichen Einkaufsteam (Buying Center) leicht Überforderungen eintreten, empfiehlt sich die Bildung eines Verkaufsteams (Selling Center).

Bei der **Strukturierung** des Selling Center ist darauf zu achten, daß es gegenüber dem Buying Center möglichst adäquat wird
- im Fachbezug/in der fachlichen Kompetenz
- in den Persönlichkeitstypen/in der sozialen Kompetenz
- im Rangbezug/in der Entscheidungskompetenz.

Eine dem Buying Center entsprechende Besetzung des Selling Center in den **fachlichen Ausrichtungen/Qualitäten** ist unabdingbar, um die jeweiligen Informationsansprüche unmittelbar in möglichst vollständiger Form erfüllen zu können. Das heißt, für die technischen Experten auf Käuferseite sind die entsprechenden technischen Fachleute auf der Verkäuferseite ebenso vorzusehen und einzusetzen wie die Spezialisten in beispielsweise juristischer, steuerlicher, finanzwirtschaftlicher Hinsicht.

Die **Persönlichkeits-Adäquanz** als interaktionsbegünstigender Faktor wurde u.a. von Schoch[18] empirisch belegt. Verallgemeinert besagt dieser Aspekt, daß zu den jeweiligen Kunden/Mitgliedern des Buying Center passende Personen im Selling Center erscheinen sollten. Passend wird dabei u.a. als ähnlich in demographischen Daten (z.B. Alter, Herkunft) und im Gebaren (z.B. agil-dynamisch vs. ruhig-phlegmatisch) interpretiert. Allerdings ist die weitgehende strenge Persönlichkeits-Adäquanz als begünstigender Interaktionsfaktor bisher nicht im einzelnen belegt und im Detail sicher auch schwer realisierbar. In der Tendenz sollte dieser Faktor aber beachtet werden, schließlich entspricht es auch allgemeiner Lebenserfahrung, daß manche Personen gar nicht ‚miteinander können' (im Jargon spricht man auch von ‚nichtstimmiger Chemie'), andere dafür um so besser miteinander zu kommunizieren vermögen.

Angemerkt sei dazu aber auch: Aus Sicht des kaufenden Unternehmens kann es suspekt erscheinen, wenn die Kommunikation der eigenen Repräsentanten zu der ‚Gegenseite' familär-vertrauliche oder kumpelhafte Züge (→ein Herz und eine Seele) zu zeigen beginnt. Man befürchtet, die eigenen Repräsentanten würden nicht mehr mit der kompromißlosen Nachdrücklichkeit ausschließlich für die Ziele ihres Unternehmens verhandeln, z.B. die Situation in den Preisverhandlungen nicht mehr konsequent ausreizen (können). Bereits als Prophylaxe gegen derartige Negativwirkungen kann das Beschaffungsunternehmen (insbesondere für die Endphase der Verhandlungen und damit für die Preisverhandlungen) bestimmte Personen aus seinem Buying Center zurückziehen, um sie durch ‚sozialpsychologisch nicht infizierte' zu ersetzen.

Rangadäquanz wird am häufigsten als korrespondierende Ranghöhe interpretiert;[19] empfohlen wird also, das Selling-Team auf die Ranghöhe des je-

---

[18] Vgl. R. Schoch, Der Verkaufsvorgang als sozialer Interaktionsprozeß, Diss. St. Gallen 1969
[19] Vgl. K. Backhaus, Industriegütermarketing, 5. Aufl., München 1997, S. 122f.

weiligen Buying Teams (z.B. Abteilungsleiter-Ebene) auszurichten. Begründen läßt sich diese angleichende Ausrichtung in
- psychologischer Hinsicht: Negativreaktionen des Buying Teams aus sonst empfundener geringer Beachtung/Wertschätzung werden vermieden;
- sachlicher Hinsicht: Verhandlungsverzögerungen aus notwendigen Rückfragen bei der höheren Ebene werden vermindert.

Vom psychologischen Aspekt empfiehlt sich sogar eine höherrangige Besetzung auf der Verkaufsseite, da sie dem Buying Team signalisiert, besonders wichtig und der besonderen Behandlung/Betreuung wert zu sein.

Gegen eine durchgehend höherrangige Besetzung können allerdings zum einen organisatorische Probleme (und damit Zeit- und Kostengründe) sprechen:

Hat ein Unternehmen neben einigen Großkunden (Schlüsselkunden) eine Vielzahl kleiner Kunden, mag sich wohl für die Großkunden die Mitbetreuung durch die Vorstandsebene realisieren lassen und rechnen, nicht aber für die Vielzahl der Kleinkunden.

Zum anderen kann folgender Sachaspekt von der höherrangigen Besetzung abraten:

Der Kunde wird berechtigt davon ausgehen, daß ‚je höher der Rang, desto größer die unmittelbare Entscheidungskompetenz'. Folglich geht der Kunde beim höherrangigen Verhandlungspartner davon aus, durch Insistieren mehr (z.B. einen noch günstigeren Preis) herausholen zu können. Dem niedriger rangierenden Verhandlungspartner wird umgekehrt eher abgenommen, die absolute Grenze des (ihm) möglichen Entgegenkommens sei erreicht.

Zur **Rollenverteilung im Verkaufsteam** sei zunächst aus einem von Kutschker geführten Interview (Bereich Werftindustrie) zitiert: „Wir haben einen, der angreift und die unverschämtesten Forderungen stellt. Im allgemeinen ist das der Verkäufer. Der Finanzmann hat sich in der Regel sehr lange zu verweigern, wenn es um Zugeständnisse geht. Dann gibt es den Techniker, der technisch abwägt und auf der Gegenseite den technischen Nörgler mit seinem Wissen in Schach hält, vorsichtig ist und das Gespräch in Gang hält. Dann gibt es noch manchmal die Vermittler. Das ist in der Regel ein älterer Vorstand, der den Kunden auch persönlich gut kennt und zu Hause bei denen ein und aus geht."[20]

In Verallgemeinerung und unter Ergänzung dieses Beispiels kommen folgende Rollen in Betracht, die im Hinblick auf das Naturell/die Fähigkeiten der Teammitglieder möglichst überzeugend zu besetzen sind:
- Vorantreiber/Angreifer/Aktiver bis aggressiver Führer
- Nachfasser/Dynamischer Unterstützer
- Moderator/Atmosphärischer Gesprächsführer
- Wogenglätter/Krisenmakler

---

[20] M. Kutschker, a.a.O., S. 168

Ob und inwieweit diese Rollen tatsächlich ausgespielt werden, hängt vor allem auch von entsprechendem Rollenverhalten beim Buying Team ab. Es mag im Buying Team sehr real den oder die „Nörgler" geben, die ihrerseits den Auftrag haben, immer wieder vermeintliche/tatsächliche Schwachstellen/ Nachteile im Angebot herauszustreichen, und damit eine Argumentationsbasis für erwünschte Preiszugeständnisse zu schaffen. Dann ist aus dem Verkaufsteam (eventuell auch im Ton) eine entsprechend deutliche Replik angezeigt, um dem angepeilten Preis seinen Wert/seine Berechtigung zu bewahren.

Glossar

Abschlußtechniken:
→ Alternativ-Taktik
→ Taktik der falschen Wahl
→ Taktik vollzogener Tatsachen
→ Taktik zu verscherzender Gelegenheiten
→ Teilentscheidungs-Taktik
→ Übertreibungs-Taktik

Adoptionsprozeß:
Intrapersonaler Annahmeprozeß neuer Produkte, der typischerweise über die Phasen Informationsbeschaffung, Bewertung, probeweise Annahme, Erfahrungsauswertung, endgültige Annahme/Ablehnung läuft.
→ Diffusionsprozeß

Affektgesteuerter Kaufentscheidungsprozeß:
Der Käufer reagiert ohne vorherige Informationssammlung, -ordnung und -bewertung (in Form von Kriterienbildung und Alternativenvergleich) spontan/impulsiv (→ Impulskauf) am Kaufort auf Reize bestimmter Angebote.

After-Sales-Service:
Im Kaufanschluß (in und nach der Verbrauchs- oder Gebrauchsphase) gewährte Leistungen, die z.B. als Garantie- oder Entsorgungsleistungen erhöhter Kundenzufriedenheit und damit verstärkter Kundenbindung dienen sollen.
→ Service

AIDA-Formel:
Differenzierung des Verkaufsvorganges in folgende Einzelphasen: **A**ufmerksamkeit erreichen, **I**nteresse aufbauen, **D**rang zum Kauf wecken, **A**bschluß durchführen.

Aktivierung:
Erregung infolge emotionaler, kognitiver und/oder physischer Reize als Voraussetzung für Leistungsfähigkeit/Aktionen.
→ Lambda-Hypothese

Aktualgenese:
Entstehungsprozeß eines Wahrnehmungsbildes vom ersten, noch recht diffusen Eindruck bis zur vollausgegliederten Wahrnehmung.

Alternativ-Taktik:

Abschlußtechnik, die dem Kunden den unmittelbaren Entscheidungsdruck dadurch zu nehmen sucht, daß der Verkäufer seine Fragen nicht auf das ‚Ob' des Kaufes, sondern auf das ‚Wie' richtet. Der Verkäufer formuliert so zwei (eventuell auch mehr) konkrete Vorschläge, die sich auf Teilaspekte des Angebotes beziehen, also z.B. auf die Modellausführung, auf die Menge oder auf die Sortierung. Dem Käufer wird dabei, obwohl sich sein Entscheidungsfeld durch die Alternativen fortlaufend einengt, das Gefühl erhalten, er entscheide in Selbstbestimmung.

Angst:

In Abgrenzung zu → Furcht mehrdeutiges und unbestimmtes Gefühl der Bedrohung, für das der/die Betroffene folglich keine gezielte Reaktionsmöglichkeit zu ermitteln vermag.

Appetenz-Appetenz-Konflikt:

Innerer Zwiespalt eines potentiellen Käufers daraus, daß ihm in einer Kaufsituation zwei Angebote (in gleicher oder unterschiedlicher Richtung) attraktiv erscheinen.

Appetenz-Aversions-Konflikt:

Innerer Zwiespalt daraus, daß ein bestimmtes Angebot auf den potentiellen Käufer sowohl anziehend als auch abstoßend wirkt.

Argumentation:

→ Einseitige Argumentation
→ Zweiseitige Argumentation

Assoziationswerbung:

Werbeform, die in Anlehnung an die → Klassische Konditionierung Produkte/Marken mit bestimmten Vorstellungsbildern verknüpft, indem sie die betreffenden Werbeobjekte wiederholt in entsprechenden Umfeldern präsentiert.

Attributionstheorie:

Ansatz aus der kognitiven Sozialpsychologie, nach dem der Mensch (vor dem Hintergrund des Bemühens um Orientierung) stets ‚Ursachenforschung' betreibt, d.h. jeweils versucht, eine kausale Erklärung für sein eigenes Verhalten und das seiner Umwelt zu finden.

Auffällige Leistungen:

Produkte/Leistungen mit sozialem Signalwert, da sie vom sozialen Umfeld in besonderem Maße beachtet und zur sozialen Einordnung von Personen verwendet werden (z.B. PKW, Kleidung, Freizeitbetätigungen).

Aufmerksamkeit:
Bereitschaft zur Aufnahme von Reizen.

Bagatellisierungsmethode:
In der Preisargumentation verwendbare Methode, wenn zwischen konkurrierenden Angeboten lediglich relativ geringfügige Preisunterschiede bestehen. Der Verkäufer versucht, die Preisunterschiede zu verniedlichen und damit letztlich als entscheidungsirrelevant hinzustellen.

Bedarf:
In Abhebung zu dem der Psychologie entstammenden Begriff → Bedürfnis die Bezeichnung der Ökonomie für eine empfundene Mangelsituation, die der Bedarfsträger (Konsument oder gewerblicher Kunde) durch Nachfrage bestimmter Leistungen zu beheben beabsichtigt.

BEDAZA-Formel:
Differenzierung des Verkaufsvorganges in folgende Einzelphasen: **B**egrüßungs-, **E**röffnungs-, **D**emonstrations-, **A**bschluß-, **Z**usatzverkaufs-, **A**bschiedsphase.

Bedürfnis:
Als Synonym für → Motivation aktualisierter Beweggrund des Verhaltens.

Begrenzter Kaufentscheidungsprozeß:
In Abgrenzung zum → extensiven Kaufentscheidungsprozeß zeigt sich der Käufer mit einer Produktkategorie, nicht aber mit allen zu der Kategorie offerierten Marken vertraut; folglich braucht er die für die Produktkategorie relevanten Entscheidungskriterien als solche (z.B. Haltbarkeit, Sicherheit) nicht mehr zu ermitteln, sondern kann sich unmittelbar auf die vergleichende Beurteilung der Alternativen (Marken) bezüglich der Kriterien konzentrieren.

Beobachtungslernen:
Das Nachvollziehen der von einem → Meinungsführer (als Vorbild/Modell) gezeigten Verhaltensweisen.

Bezugsgruppe:
Jede Gruppe, zu der sich das Individuum über sein Verhalten um Anerkennung (positive B.) oder um Abgrenzung (negative B.) bemüht.

Bumerangeffekt:
Dem Ziel der Meinungsbeeinflussung entgegengesetzte Reaktion (→ Reaktanz).

Bumerang-Methode:

Ansatz zur Einwandbehandlung, bei dem man dem Kunden voll zustimmt, da der Einwand des Kunden – entgegen dessen Annahmen – für die angebotene Leistung spricht und damit als Ausgangspunkt einer Proargumentation dienen kann (Tenor: Gerade deswegen ...).

Buying Center:

Personenkreis, der die Kaufentscheidung im gewerblichen Einkauf trägt; als typische Rollenglieder gelten Vor-Selektierer (gatekeeper), Entscheidender (decider), Kaufabschluß-Tätigender (buyer), Verwender (user), Beeinflusser (influencer).

Demonstrations-Methode:

In der Preisargumentation ist der Verkäufer bemüht, die Vorteile des Verkaufsobjektes durch möglichst plastische oder dramatische Vorführungen besonders zu beleuchten und auf diese Weise die Preishöhe in ihrer negativen Wahrnehmung zu reduzieren.

DIBABA-Formel:

Differenzierung des Verkaufsvorganges in folgende Einzelphasen: **D**efinition der Kundenwünsche, **I**dentifizierung des Angebotes mit den Kundenwünschen, **B**eweisführung für den Kunden, **A**nnahme der Beweisführung durch den Kunden, **B**egehren des Kunden auslösen, **A**bschluß durchführen.

Diffusionsprozeß:

Interpersonaler Verbreitungsprozeß neuer Produkte, der typischerweise über die Annehmerkategorien Innovatoren, frühe Annehmer, frühe Mehrheit, späte Mehrheit, Unentschlossene/Nachzügler verläuft.
→ Adoptionsprozeß

Dissonanz:

→ Kognitive Dissonanz
→ Nach-Kauf-Dissonanz
→ Vor-Kauf-Dissonanz

Door-in-the-Face-Taktik:

Es wird ein überzogenes Ansinnen (z.B. Kauf großer Menge) vorgetragen, um damit die Wahrscheinlichkeit dafür zu steigern, daß ein anschließend reduziert vorgetragenes Ansinnen (Kauf kleiner Menge) Zustimmung findet (→ Übertreibungs-Taktik).
→ Foot-in-the-Door-Taktik

Dr. Fox-Phänomen:
Nach einem Dr. Fox benannte Erscheinung, gem. der auch sprachlich bis zur völligen Unverständlichkeit komplizierte Vorträge und letztlich auch Unsinns-Vorträge durchaus positive Bewertungen (i. S. v. Kompetenz) erhalten können, weil die Zuhörer sich offensichtlich ihrer eigenen Urteilsfähigkeit nicht sicher sind.

Einkaufsgremium:
→ Buying Center

Einseitige Argumentation:
Lediglich die Vorteile eines Meinungsgegenstandes vortragende ‚Argumentation', die dann gegenüber → zweiseitiger Argumentation als zweckmäßiger gilt, wenn der Empfänger ein eher niedriges Intelligenz-/Bildungsniveau aufweist, er eine stark positive → Einstellung zum Meinungsgegenstand zeigt und nachfolgend keine Konfrontation mit Gegenargumenten zu erwarten ist.

Einstellung:
Innerer Bereitschaftszustand/innere Haltung des Individuums, gegenüber bestimmten Reizen relativ fest gefügte/stabile positive oder negative Reaktionen zu zeigen.

Einstufiges Kommunikations-Modell:
Direkter Kommunikationsfluß vom Sender zum Empfänger ohne Zwischenschaltung von Kommunikationsmittlern.
→ Mehrstufiges Kommunikations-Modell
→ Zweistufiges Kommunikations-Modell

Einwandbehandlungs-Methoden:
→ Bumerang-Methode
→ Entlastungs-Methode
→ Kompensations-Methode
→ Methode der bedingten Zustimmung
→ Referenz-Methode
→ Transformations-Methode
→ Umformulierungs-Methode

Emotion:
Innerer Zustand (Gefühls-, Stimmungslage) des Individuums, der das Aktivitätsniveau des Organismus anregt (z.B. Freude, Interesse) oder reduziert (z.B. Trauer, Zufriedenheit).
→ Aktivierung

Entlastungs-Methode:

Ansatz zur Einwandbehandlung für den Fall, in dem der Kunde offensichtlich Falsches vorbringt. Er kann von seinem Irrtum durch Solidarisierung (Genau das habe ich ursprünglich auch gedacht) oder Schuldabwälzung (Oh, da hat man Sie aber falsch informiert) befreit werden.

Entscheidung:

Wahl zwischen mindestens zwei Alternativen hinsichtlich der Erreichbarkeit von Zielen.

Erbauungsnutzen:

Aus den ästhetischen Eigenschaften eines Produktes resultierende Bedarfsdeckung (→ Bedarf nach Befriedigung des Schönheitsempfindens), die u.a. durch die Form, die Farbe, den Geruch des Produktes vermittelt werden kann.

Ersteindrucks-Effekt:

→ Primacy-Effekt

Extensiver Kaufentscheidungsprozeß:

Der Käufer zeigt vor der Kaufentscheidung relativ großen Aufwand sowohl hinsichtlich der Identifikation individuell relevanter Entscheidungskriterien (z.B. Haltbarkeit, Sicherheit) als auch bei der vergleichenden Beurteilung von Alternativen (Produkttypen, Produktmarken, Einkaufstätten) bezüglich der Kriterien.

Foot-in-the-Door-Taktik:

Es wird zunächst ein sehr kleines/zurückhaltendes Ansinnen vorgetragen, um sich damit den Weg für folgende gesteigerte Ansinnen zu ebnen (→ Teilentscheidungs-Taktik).

→ Door-in-the-Face-Taktik

Furcht:

In Abgrenzung zu → Angst Gefühl der Bedrohung, das in seinen Quellen/Ursachen eindeutig feststellbar ist. Entsprechend kann die betroffene Person gezielt Möglichkeiten zur Reduzierung ihrer negativ erlebten Erregung ermitteln.

Gebrauchsnutzen:

Die aus den physisch-funktionellen Eigenschaften eines Produktes resultierende Bedarfsdeckung (z.B. → Bedarf an Bequemlichkeit, Genauigkeit, Sicherheit, Schnelligkeit).

Gebrochener Preis:
Relativ gering unter Preisschwellen (= runden Preisen) bleibende Preisforderung (z.b. 0,98 DM, 9,90 DM, 985,– DM gegenüber 1,– DM, 10,– DM, 1000,– DM).
→ Preisschwelleneffekt

Geltungsnutzen:
Aus den sozialen Eigenschaften eines Produktes resultierende Bedarfsdeckung (→ Bedarf nach sozialer Anerkennung oder sozialer Aufwertung), die durch dessen soziale Zeichenqualität, seinen sozialen Signalwert vermittelt wird.
→ Auffällige Leistungen

Gewohnheitskauf:
→ Habitualisierter Kaufentscheidungsprozeß

Gleichnis-Methode:
In der Preisargumentation versucht der Verkäufer, die schockende Wirkung absoluter Preisnennung dadurch aufzufangen, daß er den Preis in Beziehung zu gewohnten, sich wiederholenden Kleinausgaben bringt.

Grundnutzen:
Die aus den physisch-funktionellen Eigenschaften eines Produktes resultierende Bedarfsdeckung (= Gebrauchsnutzen in Form der Deckung von → Bedarf an Bequemlichkeit, Genauigkeit, Sicherheit, Schnelligkeit u.a.m.).

Gruppe:
Mehrzahl von Individuen, deren Beziehungen untereinander als regelmäßig und zeitlich relativ überdauernd anzunehmen sind. Als zusätzliche Kennzeichen können das Bewußtsein der Zusammengehörigkeit („Wir-Gefühl") und die Existenz gemeinsamer Werte/Ziele gelten.

Habitualisierter Kaufentscheidungsprozeß:
Der Käufer reagiert gewohnheitsgemäß, wenn ihm sowohl die Produktkategorie als auch die zugehörigen Marken vertraut sind und er keinen Anlaß zur Revision früher getroffener Kaufentscheidungen empfindet.

Halo-Effekt:
Überstrahlung einzelner Eigenschaften/Elemente durch positiven Gesamteindruck (z.B. positives Firmenimage verleiht Produkten einen derartigen ‚Glorienschein', daß Produktschwachstellen nicht wahrgenommen werden).

Hausierhandel:

Die ambulante Form des → Persönlichen Verkaufs, bei der Wanderhändler (Hausierer) private Haushalte aufsuchen, um ihnen relativ niedrigpreisige Artikel aus Warengruppen wie Kurzwaren, Korbwaren, Textilien anzubieten.

Haustürverkauf:

Eine Form des → Persönlichen Verkaufs, bei der Wanderhändler (→ Hausierhandel), Verkaufsfahrer (Heimdienst), Reisende und/oder Vertreter in der Wohnung des Konsumenten Leistungen wie Markenkosmetika, Staubsauger, Versicherungen zum Direktverkauf demonstrieren.

High interest-Produkt:

Bei den Kunden vor dem Kauf, während des Kaufes und im Kaufanschluß starkes Interesse/Engagement (→ Involvement) auslösendes Produkt.

→ Low interest-Produkt

Image:

(1) Bei einstellungsbezogener Interpretation die → Einstellung, die eine Person zu einem Meinungsgegenstand aufweist.
(2) Bei allgemeiner Interpretation das Vorstellungsbild, das eine Person von einem Meinungsgegenstand hat.

Impulskauf:

Der Käufer reagiert ohne vorherige Informationssammlung, -ordnung und -bewertung (in Form von Kriterienbildung und Alternativenvergleich) spontan auf Reize bestimmter Angebote am Kaufort.

Imitationslernen:

→ Beobachtungslernen

Innovator:

Erstanbieter oder Erstnachfrager neuer Produkte/Leistungen.

Interaktion:

→ Soziale Interaktion

Interpersonen-Konflikt:

Widerstreitende Handlungsorientierung zwischen den in einem (Kauf-)Entscheidungsprozeß mitwirkenden Personen.

Interrollen-Konflikt:

Innerer Zwiespalt eines Inhabers mehrerer → Rollen aufgrund widerstreitender Erwartungen, die ihm Mitglieder verschiedener → Gruppen signalisieren.

Intrapersonen-Konflikt:

Widerstreitende Handlungsorientierungen in einer Person, da zwei zur Wahl stehende Angebote attraktiv erscheinen (→ Appetenz-Appetenz-Konflikt) oder ein Angebot sowohl anziehend als auch abstoßend wirkt (→ Appetenz-Aversions-Konflikt).

Intrarollen-Konflikt:

Innerer Zwiespalt des Inhabers einer → Rolle aufgrund widerstreitender Erwartungen, die ihm verschiedene Mitglieder einer → Gruppe signalisieren.

Involvement:

Grad des Engagements (für ein Produkt, ein Werbemittel, ein Werbemedium) aufgrund der von einer Person empfundenen Bedeutung und/oder des bei einer Person ausgelösten Interesses.

Ja-aber-Methode:

→ Methode der bedingten Zustimmung

Käufermarkt:

Marktsituation, in der das Angebot die Nachfrage übersteigt, so daß eine entsprechend dem Angebotsüberhang ausgeprägte Angebotskonkurrenz und damit starke Stellung der Nachfrage (= Käuferseite) kennzeichnend ist.

Kaufentscheidungsprozeß:

→ Affektgesteuerter Kaufentscheidungsprozeß
→ Begrenzter Kaufentscheidungsprozeß
→ Extensiver Kaufentscheidungsprozeß
→ Habitualisierter Kaufentscheidungsprozeß

Kaufrisiko:

→ Risiko

Kinesik (Kinesiologie):

Forschungsrichtung zur Untersuchung der Wirkung des Körpers/der Körperbewegungen in → sozialen Interaktionen.

Klassische Konditionierung:

Durch wiederholte gemeinsame Präsentation eines reaktionsauslösenden Reizes und eines zunächst neutralen Reizes erhält der neutrale Reiz ebenfalls reaktionsauslösende Wirkung.

Kognitive Dissonanz:

Unvereinbarkeit von zwei (oder mehr) kognitiven Elementen (= subjektiven Kenntnissen des Individuums über sich selbst oder/und über seine Umwelt) im Bewußtsein des Individuums. Bei Stärke über der individuellen Toleranzschwelle ein negativ empfundener Spannungszustand, der zu Reduktionsbemühungen motiviert.

Kognitives Lernen:

Lernen durch Einsicht, in dem aus der Verbindung von Reizen ein Orientierungsplan geformt wird (verstandesmäßiges Lernen).

Kollektivkauf:

Gemeinsamer Kauf durch mehrere Personen (z.B. familialer Einkauf oder gewerblicher Einkauf durch → Buying Center).

Kommunikant (= Rezipient):

Empfänger des vom → Kommunikator gesendeten Kommuniqués (= Botschaft, Nachricht).

Kommunikations-Modell:

→ Einstufiges Kommunikations-Modell
→ Mehrstufiges Kommunikations-Modell
→ Zweistufiges Kommunikations-Modell

Kommunikator:

Sender/Übermittler von Kommuniqués (= Botschaften, Nachrichten) an den/die → Kommunikanten (= Rezipienten).

Kompensations-Methode:

(1) Ansatz der **Preisargumentation**, bei dem der Verkäufer alle positiven Aspekte der angebotenen Leistung, alle dem Kunden aus dem Erwerb und der Nutzung entstehenden Vorteile anführt, um dadurch einen hohen Preis auszugleichen. Wie allgemein erst nach Wiederholungen gelernt wird, registriert und begreift der Kunde bestimmte Vorteile eventuell erst nach mehrfacher Darlegung. Gelangt der Kunde zu einem Aha-Erlebnis, wird ihm selbst ein objektiv relativ hoher Preis gemildert erscheinen.

(2) Ansatz der **Einwandbehandlung**, der positive Aspekte des Angebotes betont (Tenor: Sehen Sie andererseits doch bitte ..., und das sind speziell für Sie doch die eindeutig gewichtigeren Punkte).

Konditionierung:
→ Klassische Konditionierung
→ Operante Konditionierung

Konflikt:
Zustand sich gegenseitig ausschließender Handlungstendenzen.
→ Appetenz-Appetenz-Konflikt
→ Appetenz-Aversions-Konflikt
→ Interpersonen-Konflikt
→ Interrollen-Konflikt
→ Intrapersonen-Konflikt
→ Intrarollen-Konflikt

Kurvilineare Aktivierungshypothese:
→ Lambda-Hypothese

Lambda-Hypothese:
Annahme, daß zunehmende → Aktivierung die Leistungsfähigkeit (z.B. Informationsaufnahmefähigkeit) des Individuums zunächst bis zu einem Maximum steigert, danach aber wieder sinken läßt (wegen Überaktivierung/Überreizung).

Leistung, auffällige:
→ Auffällige Leistung

Leitbild:
Konkrete Person (z.B. Film-, Musik-, Sportstar oder → Meinungsführer), abstrakte Person (z.B. Hausfrauen-, Manager- oder Wissenschaftler-Stereotyp) oder Modell-Figur (z.B. Mickymaus, Snoopy), die anderen Personen als Verhaltensmaßstab dient und damit Nachahmungen auslöst.
→ Leitbildwerbung

Leitbildwerbung:
Einsatz von → Leitbildern in der Werbung, um die Umworbenen zu bewegen, deren (Konsum-)Verhalten nachzuvollziehen.

Lernen:
Durch Informationsaufnahme und -speicherung verursachte Änderung in der Verhaltensweise oder der Verhaltensmöglichkeit des Individuums über die Zeit.

Lernen, kognitives:
→ Kognitives Lernen

Lernen, soziales:
→ Beobachtungslernen

Letzteindrucks-Effekt:
→ Recency-Effekt

Low interest-Produkt:
Bei den Kunden vor dem Kauf, während des Kaufes und im Kaufanschluß wenig Interesse/Engagement (→ Involvement) auslösendes Produkt.
→ High Interest-Produkt

Markenartikel:
Waren, die durch
- Markierung (Unverwechselbarkeit aufgrund eines die Herkunft kennzeichnenden Firmen-, Wort- oder Bildzeichens),
- eine relativ gleichbleibende Qualität,
- Erhältlichkeit in einem größeren Absatzraum in allen einschlägigen Geschäften (Ubiquität)
- hohen Bekanntheitsgrad aufgrund für sie betriebener Direktwerbung (Sprungwerbung)

gekennzeichnet sind.

Mehrstufiges Kommunikations-Modell:
Weiterführung des aus Kommunikatoren, → Meinungsführern und Gefolgsleuten bestehenden → zweistufigen Kommunikations-Modells durch Annahme von Meinungsführern verschiedenen Grades, die Gefolgsleuten und völlig inaktiven Personen vorgeschaltet sind.
→ Einstufiges Kommunikations-Modell

Meinungsführer:
Unter den Mitgliedern einer → Gruppe aufgrund hohen Grades sozialer Integration und hohen Kurswertes ihrer Meinung herausragende Person, die im Meinungsbildungs- und -verbreitungsprozeß innerhalb der Gruppe in Relais- und Verstärkungsfunktion wirkt.

Methode der bedingten Zustimmung:
Ansatz zur Einwandbehandlung, bei dem man dem Kunden grundsätzlich zustimmt, um nach dem damit erzielten Besänftigungseffekt Gegenargumente zu präsentieren (Tenor: ja ..., allerdings).

Modell-Lernen:
→ Beobachtungslernen

Motiv:
In Abgrenzung zu → Motivation Bereitschaft eines Individuums zu bestimmtem Verhalten.

Motivation:
In Abgrenzung zu → Motiv (= Bereitschaft zu bestimmtem Verhalten) aktualisierter Beweggrund des Verhaltens.

Mund-zu-Mund-Werbung:
Kommunikation zwischen Bedarfsträgern über Unternehmen und deren Leistungen, die wegen
- hoher Glaubwürdigkeit (aufgrund der anzunehmenden Selbstlosigkeit des Senders und seiner sozialen Nähe zum Empfänger) und
- leichter Verständlichkeit (aufgrund der sozialen Nähe zwischen Empfänger und Sender)

als besonders effizient gilt.

Nach-Kauf-Dissonanz:
Als unangenehm empfundener Spannungszustand, der daraus resultiert, daß Informationen, die das Individuum nach der Kaufentscheidung (aus eigenen Erfahrungen, über sein soziales Umfeld, Massenmedien) erreichen, gegenüber den in der Entscheidung verarbeiteten Kognitionen negativ abweichen (Erwartungsenttäuschung).

Nach-Kauf-Werbung:
Kaufbestätigende Werbung, die insbesondere der Prophylaxe oder Therapie von → Nach-Kauf-Dissonanzen dienen soll; präsentiert werden u.a. positive Expertenurteile, Testberichte, Aussagen anderer Kunden.

Norm, soziale:
→ Soziale Norm

Nutzen:
→ Erbauungsnutzen

→ Geltungsnutzen
→ Gebrauchsnutzen
→ Zusatznutzen

Operante Konditionierung:
Eine zunächst neutrale Reaktion (Handlung) erhält durch nachfolgende Verstärkung (z.b. Belohnung der Handlung) für den Organismus eine Bedeutung und tritt dadurch mit veränderter (z.b. erhöhter) Wahrscheinlichkeit auf.

Persönlicher Verkauf:
Verkaufsform, bei der Verkäufer und Kunden in direkten Kontakten zueinander stehen. Während sich die Kontakte beim Telefonverkauf auf die verbale Ebene beschränken, umfassen sie beim Besuchsverkauf, dem Fahrverkauf und dem → Haustürverkauf auch die nonverbale Kommunikation (insbesondere die Gesichts- und Körpersprache).

Preisargumentations-Methodik:
→ Bagatellisierungs-Methode
→ Demonstrations-Methode
→ Gleichnis-Methode
→ Kompensations-Methode
→ Subtraktions-Methode
→ Vergleichs-Methode
→ Verkleinerungs-Methode
→ Zerlegungs-Methode

Preisschwelleneffekt:
Markante Rückgänge (Zunahmen) der Nachfragemenge bei Erhöhung (Senkung) der Preisforderung. Als Schwellen kommen vor allem runde Preise wie 1,– DM, 10,– DM, 1000,– DM in Betracht.

Pre-Sales-Service:
Vor dem Kaufabschluß gewährte Leistungen wie Beratung und Vermittlung von Finanzierungen.
→ Service

Prestigenutzen:
→ Geltungsnutzen

Primacy-Effekt:
Ersteindrucks-Effekt, nach dem in einer Kommunikationsfolge die erstpräsentierten Elemente eine besondere Wirkung aufweisen, da die ihnen zufal-

lende größere → Aufmerksamkeit eine bestimmte → Einstellung bewirke, die dann gegen die folgenden Botschaftselemente mehr oder weniger immunisiere.

Reaktanz:
Aus dem Gefühl kommunikativer Bedrängnis und damit eingeengten Entscheidungsfreiraumes resultierende abweisende Erregung, die hinsichtlich der Kommunikationsziele direkte → Bumerangeffekte bewirken kann, indem der Empfänger sich zu genau gegenteiligem Verhalten veranlaßt sieht, um so seine Unabhängigkeit und Selbständigkeit zu demonstrieren.

Recency-Effekt:
Letzteindruckseffekt, nach dem in einer Kommunikationsfolge den zuletzt präsentierten Elementen eine besondere Wirkung zufällt, da diese am intensivsten nachwirken und von daher besser im Gedächtnis haften.

Referenzgruppe:
→ Bezugsgruppe

Referenz-Methode:
Ansatz zur Produkteinführung und Einwandbehandlung, der auf vorteilhafte Erfahrungen von Personen Bezug nimmt, die dem Kunden bekannt sind und vertrauenswürdig erscheinen (Tenor: Frau/Herr ... war zunächst auch skeptisch, inzwischen hat sie/er allerdings von besten Erfahrungen mit ... berichtet).

Rezipient:
→ Kommunikant

Risiko:
Die Gefahr, daß die Konsequenzen einer → (Kauf-)Entscheidung negativ sein können, also insbesondere in funktioneller (Produkt vermag z.b. erwartete Funktionen nicht zu erfüllen), sozialer (Produkt führt nicht zum erwarteten → Geltungsnutzen) und/oder finanzieller Hinsicht (Produkt wird später günstiger oder – zunächst ohne Wissen des Käufers – zum Einkaufszeitpunkt von anderen Lieferanten günstiger angeboten) ein Fehlkauf eintritt.

Risiko-Schub-Phänomen:
Hypothese der Kommunikationsforschung, daß Gruppen riskantere Entscheidungen treffen als Einzelpersonen. Als Plausibilitätserklärung wird insbesondere angegeben, bei Gruppenentscheidungen verteilten sich die Konsequenzen einer Fehlentscheidung auf die Gruppenmitglieder. Gegenhypothese bildet das → Vorsichts-Schub-Phänomen.

Rolle, soziale:
→ Soziale Rolle

Rollen-Konflikt:
→ Interrollen-Konflikt
→ Intrarollen-Konflikt

Routinekauf:
→ Habitualisierter Kaufentscheidungsprozeß

Sachnutzen:
→ Gebrauchsnutzen

Sales Promotions:
→ Verkaufsförderung

Schlußfolgerungsgrad:
Variable zur Erklärung/Prognose von Kommunikationseffizienz. Nach der Grundhypothese versprechen explizite (ausdrückliche) Schlußfolgerungen durch den → Kommunikator generell größere Wirksamkeit als das Unterlassen von Schlußfolgerungen. Der gegenteilige Zusammenhang wird in der speziellen Konstellation hohen → Involvements und ausgeprägter Urteilsfähigkeit der → Kommunikanten angenommen.

Service:
Zusatzleistungen, die (verbesserte) Chancen für die Absetzbarkeit der Grundleistungen (Waren- oder Dienstleistungen) schaffen sollen, indem sie der Anbahnung (z.B. Beratung), der Durchführung (z.B. Kreditierung) und/oder der Erhaltung (z.B. Garantiegewährung) von Absatzbeziehungen dienen.

→ After-Sales-Service
→ Pre-Sales-Service
→ Servicebreite
→ Serviceminimum
→ Servicetiefe

Servicebreite:
Maß für die Zahl der Servicearten (→ Service), die ein Unternehmen offeriert.

→ Servicetiefe

Serviceminimum:

Das Ausmaß an → Servicebreite und → Servicetiefe, das Unternehmen (in Abhängigkeit von der Branche und/oder der Betriebsform) mindestens zu bieten haben, um sich überhaupt Absatzchancen zu eröffnen.

Servicetiefe:

Maß für die Qualität/das Niveau, mit der/dem bestimmte Servicearten (→Service) offeriert werden.

→ Servicebreite

Soziale Norm:

Von den Mitgliedern einer → Gruppe anerkannte Verhaltensregel für die einzelnen Gruppenpositionen.

Soziale Rolle:

Komplex von Verhaltenserwartungen/Bündel von Verhaltensnormen, die jedem Mitglied einer → Gruppe seine Gruppenposition zuweisen (z.b. Vaterrolle in der Familie).

Soziale Interaktion:

Wechselseitige Beeinflussung von Personen hinsichtlich ihrer Einstellungen und Verhaltensweisen.

Soziales Lernen:

→ Beobachtungslernen

Sozialnutzen:

→ Auffällige Leistungen
→ Geltungsnutzen

Spontankauf:

→ Impulskauf

Status:

Ausdruck der sozialen Bewertung einer Position.

Subtraktions-Methode:

In der Preisargumentation z.b. bei Inzahlungnahme von Altgeräten anwendbar. Der Verkäufer operiert lediglich mit dem Nettopreis, der nach Abzug des Inzahlungnahmewertes für das Altgerät verbleibt. In ähnliche Richtung geht die Praktik, vom zu zahlenden Endpreis die Mehrwertsteuer abzuziehen und den Preis ohne Mehrwertsteuer zu nennen oder lediglich die bei Ausnutzung von Steuervorteilen verbleibende Nettobelastung mitzuteilen. Zur Mehrwertsteuer-Praktik ist allerdings anzumerken, daß der Käufer nach deutscher Rechtslage Preisangaben als inklusive Mehrwertsteuer auslegen kann, solange der Verkäufer nicht ausdrücklich anderes vermerkt.

Taktik der falschen Wahl:
Abschlußtechnik, durch die der Verkäufer beim Kunden das Gespräch weiterführende Reaktionen provoziert, indem er bewußt etwas vorschlägt oder fragt, was für den Käufer nicht in Betracht kommt.

Im Beispiel des Autoverkäufers würde die Anwendung dieser Taktik bedeuten, daß der Verkäufer etwa fragt: „Sie möchten den Wagen mit Schiebedach?", obwohl er sehr deutliche Hinweise dafür vorliegen hat, daß für den betreffenden Kunden lediglich ein Wagen ohne Schiebedach in Betracht kommt.

Taktik vollzogener Tatsachen:
Abschlußtechnik, bei der vom Verkäufer einfach unterstellt wird, der Kunde habe seine Zusage bereits gegeben.

Der Verkäufer fängt hier also beispielsweise an, das Auftragsformular oder den Kassenzettel auszuschreiben. Je weiter er in dieser Tätigkeit gelangt, ohne auf Einspruch des Kunden zu stoßen, desto schwieriger wird es für den Kunden – psychologisch gesehen –, noch einen Rückzieher zu machen.

Taktik zu verscherzender Gelegenheit:
Abschlußtechnik, bei der sich der Verkäufer darauf konzentriert, die Nachteile zu verdeutlichen, die dem Kunden aus einem Kaufverzicht entstehen, indem er z.B. formuliert: ‚Eine derart günstige Gelegenheit wird Ihnen sicher kein zweites Mal geboten!'

Auch der bei Grundstücks- und Gebrauchtwagengeschäften sowie Wohnungsvermietungen beliebte Hinweis auf die (angeblich oder tatsächlich) vorhandenen weiteren ernsthaften Interessenten entspricht dieser Taktik.

Teilentscheidungs-Taktik:
Abschlußtechnik, über die der Verkäufer bei relativ nebensächlichen Aspekten des Angebotes ansetzt, um dazu Entscheidungen abzufragen (z.B. beim PKW-Verkauf: ‚Möchten Sie den Wagen gegebenenfalls mit Zentralverriegelungs-System?'). Damit soll die Entscheidungshemmung gelöst und der Kunde letztlich in eine Situation geführt werden, in der er das ‚Ja' zum Kauf im Grunde nicht mehr auszusprechen braucht, da es sich schlüssig aus den vorhergehenden Teilantworten ableitet.

Telefonverkauf:
Die Art des → Persönlichen Verkaufs, die sich ausschließlich über telefonische Kontakte um Geschäftsabschlüsse bemüht. Die größere Schwierigkeit

des Telefonverkaufs gegenüber dem Besuchsverkauf, in dem Verkäufer und Kunde unmittelbar persönlich anwesend sind, liegt in der Beschränkung auf die verbale Kommunikation (insbesondere keine Einsatzmöglichkeit der Gesichts- und Körpersprache und damit auch nur erheblich verminderte Möglichkeit zur Kontrolle der Kundenreaktionen).

Transformations-Methode:
Ansatz zur Einwandbehandlung, der den Einwand in eine Gegenfrage umsetzt, die bei geschickter Formulierung dem Kunden die unzutreffende Basis seines Einwandes klar werden läßt, ohne ihn zu belasten (z.B.: Gibt es überhaupt effiziente Medikamente ohne jegliche Nebenwirkungen?).

Übertreibungs-Taktik:
Abschlußtechnik, durch die der Verkäufer beim Kunden eine Reaktion zu provozieren versucht, die ihm die Abschlußarbeit erleichtern soll. Die Anwendung dieser Taktik folgt der Devise ‚Unmögliches vorschlagen, damit Mögliches zugestanden wird!' Der Verkäufer fragt so beispielsweise: ‚Möchten Sie 10 oder 20 Dutzend?', obwohl er weiß, daß der Kunde wahrscheinlich schon mit 5 Dutzend reichlich eingedeckt wäre (→ Door-in-the-Face-Taktik).

U-Hypothese, umgekehrte:
→ Lambda-Hypothese

Umformulierungs-Methode:
Ansatz zur Einwandbehandlung, der den Einwand durch andere freundlichere Formulierungen abzumildern versucht (klassisch: ‚halbleer' in ‚halbvoll' umformulieren).

Vergleichs-Methode:
In der Preisargumentation wird der Preis für das in Betracht kommende Produkt gegen erheblich teurere Varianten gestellt und erscheint dadurch nicht mehr so hoch.

Verkäufermarkt:
Marktsituation, in der die Nachfrage das Angebot übersteigt, so daß eine entsprechend dem Nachfrageüberhang ausgeprägte Nachfragekonkurrenz und damit starke Stellung des Angebots (= Verkäuferseite) kennzeichnend ist.

Verkauf, Persönlicher:
→ Persönlicher Verkauf

Verkaufsförderung:
Gesamtheit aller Maßnahmen, die bei den am Leistungsabsatz beteiligten

Personen und Institutionen (Handelspromotions) sowie bei den Endabnehmern (Konsumentenpromotions) engagements- und kaufanregend wirken sollen.

VERKAUFSPLAN-Formel:

Differenzierung des Verkaufsvorganges in folgende Einzelphasen: Vorplanung des Arbeitseinsatzes, Erfassung der Grunddaten, Referenz-Inventur, Kontaktaufnahme, Appell an die Motivation, Untersuchung der Bedarfslage, Fassung der Bedarfslage, Spezifizierung des Angebotes, Prüfung der Argumente, Liquidierung von Einwänden, Abschlußvorschlag, Nachfaßarbeit.

Verkleinerungs-Methoden:

In der Preisargumentation die Methode optischer Verkleinerung, nach der nicht der Preis für die handelsübliche Menge, sondern der freundlicher erscheinende Preis für eine kleinere Menge angeführt wird, und die Methode semantischer (= sprachlicher) Verkleinerung, bei der in Verbindung mit den Beiworten ‚nur', ‚lediglich', ‚bloß', ‚nicht mehr als' von Discount-, Gelegenheits-, Schotten-, Spar- und ähnlichen Preisen die Rede ist.

Vor-Kauf-Dissonanz:

Als unangenehm empfundener Spannungszustand, der daraus resultiert, daß Informationen, die das Individuum vor dem Kaufabschluß erreichen, einander widersprechen.

Vorsichts-Schub-Phänomen:

Hypothese der Kommunikationsforschung, nach der Gruppen vorsichtigere/ risikobewußtere Entscheidungen treffen als Einzelpersonen. Als Plausibilitätserklärung wird inbesondere angegeben, Gruppendiskussionen würden Vielfältigkeit und Ausmaß von Risiken stärker als bei einer Einzelperson offenlegen. Gegenhypothese bildet das → Risiko-Schub-Phänomen.

Zerlegungs-Methode:

Die angebotene Gesamtleistung wird in Teilleistungen gespalten, um in der Preisargumentation lediglich noch die für sich jeweils relativ freundlich erscheinenden Teilpreise, nicht jedoch den Gesamtpreis, zu nennen.

Zufriedenheit:

Kaufergebnis in Form der Erfüllung der vorhandenen Erwartungen des Käufers, das für Kaufwiederholungen (→ habitualisierter Kaufentscheidungsprozeß) spricht.

Zusatznutzen:

Die über den → Gebrauchsnutzen (→ Grundnutzen) hinausgehenden Nutzenkomponenten → Erbauungsnutzen und → Geltungsnutzen.

Zweiseitige Argumentation:

Vor- und Nachteile eines Meinungsgegenstandes vortragende Argumentation, die dann gegenüber → einseitiger Argumentation als effizienter gilt, wenn der Empfänger ein eher höheres Intelligenz-/Bildungsniveau und eine eher negative Ausgangseinstellung zum Meinungsgegenstand aufweist.

Zweistufiges Kommunikations-Modell:

Kommunikationsfluß, der vom Sender zunächst an → Meinungsführer als Kommunikationsmittler geht, da die direkte Ansprache kommunikationsgehemmter und/oder unter besonderer Risikofurcht stehender potentieller Käufer als ineffizient gilt. Die Glaub- und Vertrauenswürdigkeit des Meinungsführers wird zur Übermittlung von Informationen, seine Vertrautheit mit der → Gruppe eventuell auch zur Übersetzung von Informationen in eine den Gruppenmitgliedern eingängige Form benötigt.

→ Einstufiges Kommunikations-Modell
→ Mehrstufiges Kommunikations-Modell

Literaturverzeichnis

Adler, R. B. Rodman, G.: Understanding Human Communication, 4. Aufl., Forth Worth u. a. 1991
Adlwarth, W.: Formen und Bestimmungsgründe prestigegeleiteten Konsumverhaltens, München 1983
Ahlert, D., Schröder, H.: Rechtliche Grundlagen des Marketing, 2. Aufl., Stuttgart u. a. 1996
Albers, S.: Entscheidungshilfen für den Persönlichen Verkauf, Berlin 1989
Anger, H.: Entstehung und Wandel sozialer Einstellung, in: Struktur und Dynamik menschlichen Verhaltens, hrsg. v. O. W. Haselhoff, Stuttgart 1970, S. 126 ff.
Argyle, M.: Soziale Interaktion, Köln 1972
Argyle, M.: Körpersprache und Kommunikation, Paderborn 1979
Arnold, U.: Beschaffungsmanagement, 2. Aufl., Stuttgart 1997

Backhaus, K.: Industriegütermarketing, 5. Aufl., München 1997
Bänsch, A.: Der Preis im Verkaufsgespräch, in: Marketing Journal, Jg. 1976, S. 539 ff.
Bänsch, A.: Dissonanztheorie und Verkäuferverhalten, in: Wirtschaftswissenschaftliches Studium, Jg. 6 (1977), S. 249 ff.
Bänsch, A.: Erkenntnisse der Kommunikationsforschung für die Optimierung des Verkäuferverhaltens, in: Jahrbuch der Absatz- und Verbrauchsforschung, Jg. 23 (1977), S. 105 ff.
Bänsch, A.: Soziologische Forschungsergebnisse als Erkenntnisquellen für Werbung und persönlichen Verkauf, in: Der Markt, Jg. 1977, S. 45 ff.
Bänsch, A.: Herausforderung von Widerspruch – Gefährliches oder erfolgsträchtiges Kommunikationskonzept?, in: Marketing Journal, Jg. 1985, S. 162 ff.
Bänsch, A.: Zur Verwendung von Fruchtappellen in der Werbung und im persönlichen Verkauf, in: Jahrbuch der Absatz- und Verbrauchsforschung, Jg. 33 (1987), S. 304 ff.
Bänsch, A.: Marketingfolgerungen aus Gründen für den Nichtkauf umweltfreundlicher Konsumgüter, in: Jahrbuch der Absatz- und Verbrauchsforschung, Jg. 36 (1990), S. 360 ff.
Bänsch, A.: Einführung in die Marketing-Lehre, 3. Aufl., München 1991
Bänsch, A.: Kommunikationspolitik, in: Handwörterbuch des Marketing, hrsg. v. R. Köhler u. a., 2. Aufl., Stuttgart 1995, Sp. 1186 ff.
Bänsch, A.: Variety seeking – Marketingfolgerungen aus Überlegungen und Untersuchungen zum Abwechslungsbedürfnis von Konsumenten, in: Jahrbuch der Absatz- und Verbrauchsfragen, Jg. 41 (1995)
Bänsch, A.: Käuferverhalten, 8. Aufl., München 1998
Bänsch, A.: König Kunde – Leitbild für dauerhafte Verkaufserfolge, München 1998
Balsey, R. D., Birsner, E. P.: Selling, Chicago u. a. 1987
Barth, K.: Betriebswirtschaftslehre des Handels, 2. Aufl., Wiesbaden 1993
Bauer, H. H.: Entscheidung des Handels über die Aufnahme neuer Produkte, Berlin 1980
Bausch, H. H.: Der Einfluß der experimentellen Reklamepsychologie auf die betriebswirtschaftliche Werbelehre, Diss. Mannheim 1965
Behrens, G.: Das Wahrnehmungsverhalten der Konsumenten, Frankfurt/M. 1982
Behrens, G.: Werbung, München 1996
Bell, H. S.: Ich weiß, wie man verkauft, Stuttgart 1961
Belz, C. u. a.: Verkaufskompetenz, St. Gallen 1996
Berndt, R., Hermanns, A. (Hrsg.): Handbuch Marketing Kommunikation. Wiesbaden 1993

Bierhoff, H. W.: Sozialpsychologie, 3. Aufl., Stuttgart u. a. 1993

Bonoma, T. V., Felder, L. C.: Nonverbal Communication in Marketing: Toward a Communicational Analysis, in: Journal of Marketing Research, Vol. 14 (May 1977), S. 169 ff.

Bourne, F. S.: Der Einfluß von Bezugsgruppen beim Marketing, in: Marketingtheorie, hrsg. v. W. Kroeber-Riel, Köln 1972, S. 141 ff.

Brehm, J. W.: The Theory of Psychological Reactance, New York und London 1966

Bruhn, M.: Konsumentenzufriedenheit und Beschwerden, Frankfurt/M. 1982

Bruhn, M.: Kommunikationspolitik, München 1997

Claessens, D.: Familie und Wertesystem, 2. Aufl., Berlin 1967

Coburn-Staege, U.: Der Rollenbegriff, Heidelberg 1973

Conrady, R.: Die Motivation zur Selbstdarstellung und ihre Relevanz für das Konsumentenverhalten, Frankfurt/M. u. a. 1990

Cox, D. F. (Hrsg.): Risk Taking and Information Handling in Comsumer Behavoir, Boston 1967

Crott, H.: Soziale Interaktion und Gruppenprozesse, Stuttgart u. a. 1979

Cummings, R.: Contemporary Selling, San Diego u. a. 1987

Detroy, E.-N.: Sich durchsetzen in Preisgesprächen und -verhandlungen, 6. Aufl., Zürich 1992

Dichtl, E.: Strategische Optionen im Marketing, 3. Aufl., München 1994

Diller, H.: Der Preis als Qualitätsindikator, in: Die Betriebswirtschaft, Jg. 37 (1977), S. 219 ff.

Diller, H.: Das Preisinteresse von Konsumenten, in. Zeitschrift für betriebswirtschaftliche Forschung, Jg. 34 (1982), S. 315 ff.

Diller, H.: Preispolitik, 2. Aufl., Stuttgart u. a. 1991

Dywer, F. R., Schurr, P. H., Oh, S.: Developing Buyer-Seller Relationships, in: Journal of Marketing, Jg. 51 (Apr. 1987), S. 11 ff.

Edelmann, W.: Lernpsychologie, 5. Aufl., Weinheim 1996

Elschen, R.: Risikoschub bei Gruppenentscheidungen? In: Zeitschrift für betriebswirtschaftliche Forschung, Jg. 34 (1982), S. 870 ff.

Engels, A., Timaeus, E.: ‚Face-to-Face'-Interaktionen, in: Handbuch der Psychologie, Bd. 12 (1), Göttingen 1983, S. 344 ff.

Evans, F. B.: Selling as a Dyadic Relationship, in: Personal Selling, hrsg. v. J. H. Bearden, New York 1967, S. 213 ff.

Eyferth, K., Kreppner, K.: Entstehung, Konstanz und Wandel von Einstellungen, in: Handbuch der Psychologie, Bd. 7 (2), Göttingen 1972, S. 1342 ff.

Fablunke, G., Grünewald, O., Lehm J.: Verkaufspsychologie, 5. Aufl., Berlin (Ost), 1974

Faria, A. J., Johnson, H. W.: Creative Selling, 4. Aufl., Cincinnati 1993

Fast, J.: Körpersprache, Reinbek 1971

Festinger, L.: A Theory of Cognitive Dissonance, Stanford 1962

Festinger, L.: Die Lehre von der kognitiven Dissonanz, in: Grundformen der Kommunikationsforschung, hrsg. v. W. Schramm, München 1964, S. 27 ff.

Fläming, J., Weyer, G.: Zur Psychologie des Preises, in: Zeitschrift für Markt-, Meinungs- und Zukunftsforschung, Jg. 1968, S. 2413 ff.

Foppa, K.: Lernen, Gedächtnis, Verhalten, 7. Aufl., Köln und Berlin 1970

Goldmann, H.: Wie man Kunden gewinnt, 7. Aufl., Essen 1975

Grabitz-Gniech, G., Grabitz, J. H.: Psychologische Reaktanz: Theoretisches Konzept

und experimentelle Untersuchungen, in: Zeitschrift für Sozialpsychologie, Jg. 1973, H. 4, S. 19ff.
Graumann, C. F.: Interaktion und Kommunikation, in: Handbuch der Psychologie, Bd. 7 (2), Göttingen 1972, S. 1109ff.
Großmann, H.: Im Handel entscheidet ein Gremium, in: Marketing Journal, Jg. 1975, S. 508ff.
Hair, J. E., Notturno, F. L., Russ, F. A.: Effective Selling, 8. Aufl., Cincinnati 1991
Hansen, U.: Absatz- und Beschaffungsmarketing des Einzelhandels, 2. Aufl., Göttingen 1990
Hansen, U., Schulze, H. S.: Transaktionsanalyse und persönlicher Verkauf, in: Jahrbuch der Absatz- und Verbrauchsforschung, Jg. 36 (1990), S. 4ff.
Hartmann, K. D.: Der Preis im Zahlenbewußtsein der Verbraucher, in: Der Markenartikel, Jg. 17 (1955), S. 102ff.
Haselhoff, O. W., Jorswieck, E.: Psychologie des Lernens, Berlin 1970
Hermann, Th., Stäcker, K. H.: Sprachpsychologische Beiträge zur Sozialpsychologie, in: Handbuch der Psychologie, Bd. 7 (1), Göttingen 1969, S. 398ff.
Hilgard, E. F., Bower, G. H.: Theorien des Lernens, Bd. I, 3. Aufl., Stuttgart 1973, Bd. II, 2. Aufl., Stuttgart 1973
Hill, W.: Theorien des Konsumentenverhaltens, in: Die Unternehmung, Jg. 26 (1972), Nr. 2, S. 61ff.
Hillmann, K. H.: Soziale Bestimmungsgründe des Konsumentenverhaltens, Stuttgart 1971
Hinze, S.: Neuere Entwicklungstendenzen im Bereich des persönlichen Verkaufs, in: Zeitschrift für betriebswirtschaftliche Forschung, Jg. 35 (1983), S. 147ff.
Hoepfner, F. G.: Beeinflussung des Verbraucherverhaltens, München 1975
Holzer, H.: Kommunikationssoziologie, Reinbek 1973
Holzkamp, K.: Reinforcement durch Blickkontakt, in: Zeitschrift für experimentelle und angewandte Psychologie, Bd. 16 (1969), S. 538ff.
Holzkamp, K.: Lernen, Frankfurt/M. u. a. 1993
Homans, G. C.. Theorie der sozialen Gruppe, 5. Aufl., Köln und Opladen 1970
Hörning, K. H.: Ansätze einer Konsumsoziologie, Freiburg 1970
Houben, M. J.: Farbwahl- und Farbgestaltungsverfahren, in: Handbuch der Psychologie, Bd. 6, 3. Aufl., Göttingen 1971, S. 744ff.
Hovland, C. I., Janis, J. L., Kelley, H. H.: Communication and Persuasion, New Haven, London 1953

Irle M., Möntmann, V. (Hrsg.): Leon Festinger, Theorie der kognitiven Dissonanz, Bern 1978
Irle, M. (Hrsg.): Marktpsychologie, Bd. 12 des Handbuchs der Psychologie, Göttingen u. a. 1983

Jahnke, J.: Interpersonale Wahrnehmung, Stuttgart u. a. 1975
Janis, I. I., Feshbach, S.: Auswirkungen angsterregender Kommunikation, in: Texte aus der experimentellen Sozialpsychologie, hrsg. v. H. Maus und F. Fürstenberg, Neuwied und Berlin 1969, S. 224ff.
Jeschke, K.: Nachkaufmarketing, Frankfurt/M. u. a. 1995
Jessen, P.: Die neuen Verkaufstechniken, München 1970

Kaas, K. P.: Diffusion und Marketing, Stuttgart 1973
Kaas, K. P., Hay, L.: Preisschwellen bei Konsumgütern – Eine theoretische und empirische Analyse, in: Zeitschrift für betriebswirtschaftliche Forschung, Jg. 36 (1984), S. 333ff.

Katz, E., Lazarsfeld, P. F.: Meinungsführer beim Einkauf, in: Marketingtheorie, hrsg. v. W. Kroeber-Riel, Köln 1972, S. 107 ff.
Kirchhoff, H.: Leichter, schneller, mehr verkaufen, Düsseldorf und Wien 1968
Kirchler, E.: Kaufentscheidungen im privaten Haushalt, Göttingen u. a. 1989
Kirstges, T.: Gestaltungsmöglichkeiten der persönlichen Kommunikation im Investitionsgütermarketing, Mannheim 1991
Klammer, M.: Nonverbale Kommunikation beim Verkauf, Heidelberg 1989
Koch, F.-K.: Verhandlungen bei der Vermarktung von Investitionsgütern, Diss. Mainz 1987
König, U.: Farbenpsychologie, in: Marketing Enzyklopädie, München 1974, S. 693 ff.
Koppelmann, U.: Beschaffungsmarketing, Berlin u. a. 1993
Koschorek, G.: Verkaufen will gelernt sein: Düsseldorf 1961
Kotler, P.: Verhaltensmodelle für die Käuferanalyse, in: Marketing-Management und Organisation, hrsg. v. St. H. Britt und H. W. Boyd jr., München 1971, S. 158 ff.
Kouwer, B.: Colors and their Character, The Hague 1949
Krech, D., Crutchfield, R. S.: Grundlagen der Psychologie, Bd. I, 6. Aufl., Weinheim und Basel 1974, Bd. II, 3. Aufl., Weinheim und Basel 1973
Kreikebaum, H., Rinsche, G.: Das Prestigemotiv in Konsum und Investition, Berlin 1961
Kroeber-Riel, W.: Bildkommunikation, München 1993
Kroeber-Riel, W.: Strategie und Technik der Werbung, 4. Aufl., Stuttgart 1993
Kroeber-Riel, W., Meyer-Hentschel, G.: Werbung – Steuerung des Konsumentenverhaltens, Würzburg u. a. 1982
Kroeber-Riel, W., Weinberg, P.: Konsumentenverhalten, 6. Aufl., München 1996
Kruse, L.: Gruppen und Gruppenzugehörigkeit, in: Handbuch der Psychologie, Bd. 7 (2), Göttingen 1972, S. 1539 ff.
Kutschker, M.: Verhandlungen als Elemente eines verhaltenswissenschaftlichen Bezugsrahmens des Investitionsgütermarketings, Diss. Mannheim 1972

Lambert, Z. V.: Perceived Prices as Related to Odd and Even Price Endings, in: Journal of Retailing, Jg. 51 (1975), Nr. 3, S. 13 ff.
Langer, I., Schulz v. Thun, F., Tausch, R.: Verständlichkeit, München und Basel 1974
LeFrancois, G. R.: Psychologie des Lernens, 2. Aufl., Berlin u. a. 1986
Lersch, P.: Aufbau der Person, 8. Aufl., München 1962
Levitt, T.: After the sale is over..., in: Harvard Business Review, Vol. 61 (Sept./Oct. 1983), S. 87 ff.
Lewin: K.: Feldtheorie und Sozialwissenschaften, Bern 1963
Lewin: K.: Feldtheorie in den Sozialwissenschaften. Ausgewählte theoretische Schriften, hrsg. v. D. Cartwright, Bern und Stuttgart 1963
Lippold, E.: Kaufentscheidung und personeller Verkauf, Diss. Erlangen-Nürnberg 1971
Lynn, R. A.: Price Policies and Marketing Management, Homewood (Ill.) 1967

Mackay, H. B.: Humanize Your Selling Strategy, in: Harvard Business Review, Jg. 1988, March-April, S. 36 ff.
Mancuso, J. R.: Why Not Create Opinion Leaders for New Product Introduction? In: Journal of Marketing, Vol. 33 (1969), No. 3, S. 20 ff.
Mann, L.: Sozialpsychologie, Weinheim und Basel 1972
Maslow, A. H.: Motivation and Personality, New York u. a. 1954
Mayer, H.: Werbepsychologie, 2. Aufl., Stuttgart 1993
Mayer H., Schneider, H.: Neuere Untersuchungen zur Theorie der Meinungsführerschaft, in: Jahrbuch der Absatz- und Verbrauchsforschung, Jg. 24 (1978), S. 128 ff.

Mayer, H., Beiter-Rother, A.: Konsequenzen furcht- und angstinduzierender Kommunikation, in: Jahrbuch der Absatz- und Verbrauchsforschung, Jg. 26 (1980), S. 315 ff.
Meffert, H.: Marketingforschung und Käuferverhalten, 2. Aufl., Wiesbaden 1992
Meffert, H., Dahlhoff, D.-H.: Kollektive Kaufentscheidungen und Kaufwahrscheinlichkeiten, Hamburg 1980
Moscovici, S.: Communication processes and the properties of language, in: Advances in experimental social psychology, hrsg. v. L. Berkowitz, Bd. 3, New York 1967, S. 226 ff.
Müller, G. F.: Anbieter-Nachfrager-Interaktionen, in: Handbuch der Psychologie. Bd. 12, Marktpsychologie, 1. Halbbd., Göttingen u. a. 1983, S. 626 ff.
Müller, S., Brücken, M., Heuer-Potthast, I.: Die Wirkung gebrochener Preise bei Entscheidungen mit geringem und hohem Risiko, in: Jahrbuch der Absatz- und Verbrauchsforschung, Jg. 28 (1982), S. 360 ff.
Müller, S., Bruns, H.: Der Einfluß von Glattpreisen auf Kaufentscheidungen, in: MARKETING ZFP, Jg. 6 (1984), S. 175 ff.
Müller-Hagedorn, L.: Wahrnehmung und Verarbeitung von Preisen durch Verbraucher – ein theoretischer Rahmen, in: Zeitschrift für betriebswirtschaftliche Forschung, Jg. 35 (1983), S. 939 ff.
Müller-Hagedorn, L.: Handelsmarketing, 2. Aufl., Stuttgart 1993

Ölander, F.: Influence of Price on the Consumer's Evaluation of Products and Purchases, in: B. Taylor, G. Wills (Hrsg.), Pricing Strategy, London 1969, S. 50 ff.

Pawlow, I. P.: Die bedingten Reflexe, München 1972
Peter, I.: Kundenbindung als Marketingziel, Wiesbaden 1997

Raffeé, H., Sauter, B., Silberer, G.: Theorie der kognitiven Dissonanz und Konsumgüter-Marketing, Wiesbaden 1973
Ray, M. L., Wilkie, W. L.: Fear: The potential of an appeal neglected by marketing, in: Journal of Marketing, Jg. 34 (Jan. 1970), S. 54 ff.
Robertson, T. S.: Innovative Behavior and Communication, New York u. a. 1971
Robinson, R. J., Stidsen, R.: Personal Selling in Modern Perspective, Boston Mass. 1967
Rosenstiel, L. v.: Psychologie der Werbung, Rosenheim 1969
Rosenstiel, L. v., Ewald, G.: Marktpsychologie, 2. Bde., Stuttgart u. a. 1979
Rüttinger, B., Rosenstiel, L. v., Molt, W.: Motivation des wirtschaftlichen Verhaltens, Stuttgart u. a. 1974

Sader, M.: Rollentheorie, in: Handbuch der Psychologie, Bd. 7 (1), Göttingen 1969, S. 204 ff.
Sauermann, P.: Marktpsychologie, Stuttgart 1980
Schenk, H.-O.: Handelspsychologie, Göttingen 1995
Scherer, K. R., Wallbott, H. G. (Hrsg.): Nonverbale Kommunikation: Forschungsberichte zum Interaktionsverhalten, Weinheim u. a. 1979
Scherke, F.: Verkäufer-Training, Wiesbaden 1966
Schmalen, H.: Kommunikationspolitik, 2. Aufl., Stuttgart 1992
Schoch, R.: Der Verkaufsvorgang als sozialer Interaktionsprozeß, Diss. St. Gallen 1969
Schoppe, M.: Beratungsgespräche zwischen Kunden und Verkäufern, Paderborn 1987
Schwab, G.: Sicherung der Wettbewerbsfähigkeit durch professionellen Verkauf, in: G. Schweiger u. a. (Hrsg.), Sicherung der Wettbewerbsfähigkeit durch Marketing, Linz 1995, S. 355 ff.
Schweiger, G., Schrattenecker, G.: Werbung, 4. Aufl., Stuttgart 1995
Simon, H.: Preismanagement, 2. Aufl., Wiesbaden 1992

Simon, H., Homburg, C. (Hrsg.): Kundenzufriedenheit, 2. Aufl., Wiesbaden 1997
Sixtl, F., Korte, W.: Der lerntheoretische Ansatz in der Sozialpsychologie, in: Handbuch der Psychologie, Bd. 7 (1), Göttingen 1969, S. 180 ff.
Skinner, B. F.: Wissenschaft und menschliches Verhalten, München 1973
Specht, G.: Distributionsmanagement, 2. Aufl., Stuttgart u. a. 1992
Spekman, R. E., Johnston, W. J.: Relationship Management: Managing the Selling and the Buying Interface, in: Journal of Business Research, Jg. 14 (1986), S. 519 ff.
Spiegel, B.: Die Struktur der Meinungsverteilung im sozialen Feld, Stuttgart und Bern 1961
Spiegel, B.: Gradientenmodelle in der Sozialpsychologie, in: Kölner Zeitschrift für Soziologie und Sozialpsychologie, Jg. 14 (1962), S. 19 ff.
Spiegel-Verlag: Der Entscheidungsprozeß bei Investitionsgütern, Hamburg 1982
Spiro, R. L. u. a. Adaptive Selling, in: Journal of Marketing Research, Jg. 1990, S. 61 ff.
Stangl, A.: Praktische Verkaufspsychologie, Stuttgart 1958
Stauss, B., Seidel, W.: Beschwerdemanagement, München u. a. 1996
Stern, H.: Die Einkaufsentscheidung des Lebensmitteleinzelhandels, in: Markenartikel, Jg. 1976, S. 296 ff.
Sternthal, B., Craig, C. S.: Fear appeals. Revisited and revised, in: Journal of Consumer Research, Jg. 1 (Dec. 1974), S. 22 ff.
Steward, K.: Marketing Led, Sales Driven, Oxford 1993
Stroebe, W.: Grundlagen der Sozialpsychologie I, Stuttgart 1980
Stroh, T. F.: Salesmanship, Homewood (Ill.) 1966
Stuteville, J. R.: The Buyer as a Salesman, in: Journal of Marketing, Vol. 32 (1968), No. 3, S. 14 ff.

Tafel, J.: Der Entscheidungsprozeß beim Kauf von Investitionsgütern, Diss. Erlangen-Nürnberg 1967
Teigeler, P.: Verständlichkeit und Wirksamkeit von Sprache und Text, Stuttgart 1968
Thibaut, J. W., Kelley, H. H.: The Social Psychology of Groups, New York 1959
Thomae, H.: Das Problem der Motivarten, in: Handbuch der Psychologie, Bd. 2, Göttingen 1965, S. 415 ff.
Thomas, A.: Grundriß der Sozialpsychologie, 2 Bde., Göttingen 1991/92
Tietz B. (Hrsg.): Die Werbung, 3 Bde., Landsberg 1981/82
Triandis, H. C.: Einstellungen und Einstellungsänderungen, Weinheim u. a. 1975
Trommsdorff, W., Schuster, H.: Einstellungsforschung für die Werbung, in: B. Tietz (Hrsg.), Die Werbung, Bd. 1, Landsberg 1981

Ulich, D.: Das Gefühl – Eine Einführung in die Emotionspsychologie, 2. Aufl., München 1989

Vernon, M. D.: Wahrnehmung und Erfahrung, Köln 1974

Wage, J. L.: Verkaufstechnik, in: Marketing- und Verkaufsleiter-Handbuch, 2. Aufl., München 1972, S. 983 ff.
Wage, J. L.: Psychologie und Technik des Verkaufsgespräches, 11. Aufl., München 1991
Walbott, H. G.: Nonverbale Kommunikation, in: Asanger, R. u. a. (Hrsg.), Handwörterbuch der Psychologie, 4. Aufl., München u. a. 1988, S. 488 ff.
Wald, R.: Verkaufen und Käufer – Marktkonzentration und Kundenverhalten, in: Jahrbuch der Absatz- und Verbrauchsforschung, Jg. 32 (1986), S. 241 ff.
Weinberg, P.: Das Entscheidungsverhalten der Konsumenten, Paderborn u. a. 1981
Weinberg, P.: Nonverbale Marktkommunikation, Heidelberg 1986

Weiner, B.: Motivationspsychologie, 2. Aufl., München u. a. 1988
Weiser, J.: Verkaufstechniken, in: Marketing Enzyklopädie, Bd. 3, München 1975, S. 557 ff.
Weitz, B. A.: Effectiveness in Sales Interactions, in: Journal of Marketing (Winter 1981), S. 85 ff.
Weitz, B. A., Sujahn, H., Sujahn, M.: Knowledge, Motivation and Adaptive Behavoir: A Framework for Improving Selling Effectiveness, in: Journal of Marketing, Jg. 50 (Oct. 1986), S. 174 ff.
Wexner, L. B.: The Degree to Which Colors (Hues) Are Associated with Mood-Tones, in: Journal of Applied Psychology, Vol. 38 (1954), S. 432 ff.
Wheatley, J. J.: Marketing and the Use of Fear- or Anxiety-arousing Appeals, in: Journal of Marketing, Vol. 35 (1971/April), S. 62 ff.
Williams, K. C., Spiro, R. L.: Communication Style in the Salesperson-Customer Dyad, in: Journal of Marketing Research, Jg. 22 (Nov. 1985), S. 434 ff.
Wiswede, G.: Soziologie des Verbraucherverhaltens, Stuttgart 1972
Wiswede, G.: Motivation und Verbraucherverhalten, 2. Aufl., München und Basel 1973
Wiswede, G.: Meinungsführung und Konsumverhalten, in: Jahrbuch der Absatz- und Verbrauchsforschung, Jg. 24 (1978), S. 115 ff.
Wiswede, G.: Reaktanz. Zur Anwendung einer sozialwissenschaftlichen Theorie auf Probleme der Werbung und des Verkaufs, in: Jahrbuch der Absatz- und Verbrauchsforschung, Jg. 25 (1979), S. 81 ff.
Witte, E. H.: Sozialpsychologie, München 1989

Zauner, H.: Erklärungsansätze des Konsumentenverhaltens durch soziologische Theorien, Diss. Linz 1970
Zentes, J.: Grundbegriffe des Marketing, 4. Aufl., Stuttgart 1996

Stichwortverzeichnis

Abschluß 89ff.
 -phase 44f., 89ff.
 -signale 89f.
 -technik 90ff., 111
Abwechslungsmotiv 77
Adjektive 7
Adoptionsprozeß 111
Aha-Erlebnis 59
AIDA-Formel 44, 111
Aktivierung des Kunden 60ff., 111
Alternativtechnik 90f., 112
Anbahnung der Geschäfte 47ff.
Angstappell 71ff., 112
Anmeldung 47ff.
Anrede 52
Anschlußverkauf 92f.
Argumentation, zweiseitige 68f., 131
Assoziationswerbung 22, 112
Attributionstheorie 112
Aufbauphase 45, 55ff.
Auffällige Leistungen 38f., 74f., 112
Aufforderungscharakter 31ff.
Aufforderungsgröße 31ff.
Aufforderungswert
 primärer – 32ff.
 Zusatz- 32ff.
Augenkontakt 15

Bagatellisierungsmethode 84, 113
BEDAZA-Formel 44, 113
Bedürfnis 17ff., 69ff., 113
Begrenzter Kaufprozeß 113
Belohnungen 63
Beobachtungslernen 43, 113
Bequemlichkeitsmotiv 74
Bestätigung des Kunden 63
Bezugsgruppe 37ff., 113
 negative – 38
 positive – 38
Bezugsperson 35, 42ff., 76
Bildkommunikation 13
Blickkontakt 15
Bumerangmethode 66, 114
Buying Center 99ff., 114, 115

Darstellung, bildliche 13
Demonstration(s) 56ff.
 -material 13f.
 -methode 85, 114
 -objekt 13, 56ff.
 -regeln 58ff.
DIBABA-Formel 45, 114
Diffusionsprozeß 114
Dissonanz 25ff., 40f., 114, 120
 -prophylaxe 27, 93
 -reduktion 25f.
 -theorie 25ff., 64
 -vorbeugung 27, 93
 Nach-Kauf- 26, 78, 93f., 123
 Vor-Kauf- 26, 130
Distanz
 Interaktions- 11f.
 psychologische – 31ff.
Door-in-the-Face-Taktik 91, 114
Dr. Fox-Phänomen 9, 115

Einführungswerbung 102
Einkaufsteam 99ff., 114, 115
Einstellung 18, 115
Einwand 63ff.
 -aufschub 68
 -beseitigung 63ff., 115
 Preis- 87f.
Emotionen 16, 115
Entlastungsmethode 67f., 116
Ergänzungsverkauf 92f.
Erlössteigerungsmotiv 70
Ersteindruck 50, 55, 116, 124f.

Farbassoziationen 12
Feldtheorie 29ff.
Foot-in-the-Door-Taktik 90, 116
Fremdgruppen 37
Furchtappell 71ff., 116

Gebrauchsnutzen 116
Gegenfrage 67, 80
Geltungsbedürfnis 63, 74ff., 117
Geschäftsabschluß 89ff.
Geschäftsanbahnung 47ff.
Geschäftsverhandlungen 55ff.
Geschenkartikel 57
Gesichtsausdruck 14

Stichwortverzeichnis

Gespräch(s)
 -eröffnung 50ff.
 -termin 49
 -umfeld 11f., 50
Gestik 14
Gesundheitsmotiv 71ff.
Gewinnmotiv 70
Gewohnheitskauf 117
Glaubwürdigkeit 16
Gleichnismethode 84, 117
Grundnutzen 117
Gruppe(n) 35ff., 99ff., 117
 -forschung 35ff.
 -führer 35, 42ff., 99ff.
 -normen 35ff., 127
 -verhandlung 99ff.
 -verkauf 99ff.
 Bezugs- 37ff., 113
 Fremd- 37
 Mitgliedschafts- 37
 Primär- 36
 Referenz- 37ff., 113
 Sekundär- 37

Habitualisierter Kaufprozeß 117
Halo-Effekt 117
Handelsbetriebe als Kunden 101ff.
High interest-Produkt 118
Hinstimmungsphase 45, 55ff.
Hochdruckverkauf 60, 64, 89, 92

Image 31, 118
Imitationslernen 43, 118
Impulskauf 118
Industriebetriebe als Kunden 104ff.
Informationsstand des Käufers 38, 40
Instrumentelle Konditionierung 22
Interaktion(s)
 -distanz 11f.
 -umfeld 11f., 50
 soziale – 3ff., 127
Inter-Rollenkonflikt 36
Intra-Rollenkonflikt 36
Investitionsgüter 104ff.
Involvement 119

Ja-aber-Methode 66, 119
Ja-Rhythmus 90

Käufermarkt 4, 119
Kaufmotive 18ff., 69ff.
Killerphrase 92

Kinesiologie 14, 119
Klassische Konditionierung 21f., 120
Kleidung 14, 50
Körper 14
 -bewegung 14
 -größe 14
 -haltung 14
Kognitive Theorie 23ff., 120
Kollektivkauf 90ff., 120
Kommunikation(s)
 -theorie 5ff., 120
 nichtsprachliche – 5ff., 11ff.
 sprachliche – 5ff., 16f.
 zweistufige – 42ff., 122
Kompensationsmethode 68, 84, 120f.
Konditionierung
 instrumentelle – 22f.
 klassische – 21f.
 operante – 22f.
Konflikte 36, 112, 118f., 121
Kontaktphase 45, 47ff.
Kostensenkungsmotiv 70
Kunden
 -aktivierung 60ff.
 -einwände 63ff.
 -kartei 53
 -typen 95ff.

Lautstärke 10
Leistung
 auffällige – 38f., 74f., 112
 neue – 40
 preisnegative – 79f.
 preispositive – 79f.
Leitbilder 34, 121
Leitbildwerbung 76, 121
Lerntheorie 20ff., 62f., 122
Low interest-Produkt 122

Markenartikel 122
Marktmodell, psychologisches 31ff.
Meinungsführer(modell) 42ff., 76, 122
Mehrwert-Steuer 82
Methode
 – der bedingten Zustimmung 66, 123
 – der Gegenfrage 67, 79
 – der optischen Verkleinerung 81f.
 Bagatellisierungs- 84, 113
 Bumerang- 66, 114
 Demonstrations- 85, 114
 Entlastungs- 67f., 116

Gleichnis- 84, 117
Ja-aber- 66, 119
Kompensations- 85, 120f.
Referenz- 67, 76, 125
Substitutions- 65
Subtraktions- 82, 127
Transformations- 67, 129
Umformulierungs- 68, 129
Vergleichs- 82, 129
Verkleinerungs- 81ff., 130
Verzögerungs- 68, 80
Zerlegungs- 84, 130
Mimik 14
Mitgliedschaftsgruppe 37
Mode 75, 77
Modellernen 43, 123
Motiv 17ff., 69ff., 123
-arten 18ff., 70ff.
-kategorien 19
Motivation 17ff., 69ff., 123
Motivtheorie 17ff.
athematische - 20
monothematische - 19
polythematische - 19f.
Mund-zu-Mund-Werbung 28, 123

Nachahmungstrieb 76
Nach-Kauf-Dissonanz 26, 78, 93f., 123
Namensanrede 51f.
Nichtsprachliche Kommunikation 11ff.
Norm, soziale 35, 127

Ökologiemotiv 76f.
Operante Konditionierung 22f., 124
Optische Verkleinerung 81f., 130

Preis 78ff.
-argumentation 78ff., 124
-ausgestaltung 85ff.
-einwand 87f.
-nachlaß 88
-relativierung 79ff.
-schwelle 85f., 124
-zugeständnis 88
-zurückstellung 80
gebrochener - 85f., 117
gerader - 87f.
glatter - 85f.
runder - 87f.
ungerader - 87f.
Primärer Aufforderungswert 32ff.

Primärgruppe 36
Primacy-Effekt 50, 55, 124f.
Position, soziale 35ff.
Positionierung der Interaktions-
   partner 11f.
Produkt
  auffälliges - 38f., 74f., 112
  neues - 40
  preisnegatives - 79f.
  preispositives - 79f.
Psychologische Distanz 31ff.
Psychologisches Marktmodell 31ff.

Qualität des Angebots 57

Reaktanz(theorie) 60, 64, 72, 113, 125
Recency-Effekt 122, 125
Referenz
  -gruppe 37ff., 125
  -methode 67, 76, 125
  -person 35, 42ff., 76
Reiz 20ff.
Reiz-Reaktions-Theorie 20ff.
Reklamation 31
Risiko 125
  -bewußtsein 57
  -schub-Phänomen 100f., 103, 106, 125
  -theorie 29
Rolle(n) 126, 127
  -erwartung 36, 41f.
  -konflikt 36f., 42, 126
  -theorie 35ff.
  -verhalten 35
  -verteilung 109f.
Routinekauf 126
Rückkopplung, kommunikative 16f.

Sanktion 36, 42
Satzbau 7
Scheineinwand 64
Schlüsselreiz 10
Schlußfolgerungsgrad 9, 126
Schwellenangst 51
Sekundärgruppe 37
Selbsterhaltungstrieb 71
Service 126f.
Sicherheitsmotiv 71ff.
Sitzposition 52
Sprachinhalt 9
Sprachliche Kommunikation 6ff.

Sprachliche Verkleinerung 82f., 130
Sprachmenge 9
Sprechweise 10
S-R-Theorie 20ff.
S-S-Theorie 20ff.
Status, sozialer 127
Substantive 7
Substitutionsmethode 65
Subtraktionsmethode 82, 127

Tabuthemen 53
Taktik
– der falschen Wahl 91, 128
– der Übertreibung 91f., 129
– der vollzogenen Tatsachen 92, 128
– der zu verscherzenden Gelegenheit 92, 128
Team
   Einkaufs- 101ff.
   Verkaufs- 107f.
Teilentscheidung 90, 128
Telefonwerbung 48, 128f.
Terminvereinbarung 49
Textverständlichkeit 7ff.
Titelanrede 52
Tonfall 10
Transformationsmethode 67, 129
Typisierung der Kunden 95ff.

Übertreibung 91f., 129
Übungstransfer 23
Umfeld
   Interaktions- 11f., 50
   soziales – 29ff.
Umformulierungsmethode 68, 129

Verabschiedung 93f.
Vergleichsmethode 82, 129
Verhandlung(s)
-führer 99ff.
-runden 104
Verkäufermarkt 129
Verkauf(s)
-abschluß 89ff.
-plan-Formel 45, 130
-team 107ff.
-umfeld 11f., 50
Verkleinerungs-Methoden 81ff., 130
Verständlichkeit 7ff., 59f.
Verstärkungsprinzip 22, 25
Verzögerungsmethode 68, 80
Vor-Kauf-Dissonanz 26, 130
Vorrecherchen 47ff., 104
Vorsichtsschub-Phänomen 100f., 130

Weiterführungsphase 89ff.
Werbemittel 13
Werbung 33
   Assoziations- 22, 112
   Leitbild- 76
   Mund-zu-Mund- 28
   Nach-Kauf-Werbung 123

Zeitersparnismotiv 71
Zerlegungsmethode 84, 130
Zustimmungsrhythmus 90
Zusatzaufforderungswert 32ff.
Zusatznutzen 130
Zusatzverkäufe 92f.
Zweiseitige Argumentation 68f., 131
Zweistufige Kommunikation 42ff., 131